JN341267

원작 운빨용병단
운빨용병단은 2024년 출시 이래로 많은 사랑과 관심을 받아 온 타워 디펜스 게임, '운빨존많겜'의 배경이 되는 세계관입니다.

글 알에스미디어
종합 콘텐츠 창조기업을 표방하는 이야기꾼들의 모임입니다. 주된 분야는 웹소설 에이전시 및 웹툰 제작이며, 재미있는 이야기를 만드는 것을 업으로 삼고 있습니다. 주요 작품으로 한자 학습만화 <마법천자문> 시리즈, 웹소설로는 <악역의 딸은 가출을 계획합니다> 등이 있습니다.

그림 정수영
어린이를 위해 재미있고 유익한 만화를 다양한 그림체로 그리고자 노력하고 있습니다. 대표작으로는 <마법천자문>, <처음 읽는 그리스 로마 신화>, <무적 이순신>, <쿠키런 킹덤 전설의 언어술사> 등이 있습니다.

과학 콘텐츠 대치동 손쌤(김소환)
'고품질 교육의 대중화'를 위해 유튜브에서 '대치동 손쌤'으로 활동 중이며, 전국의 많은 학생들에게 과학을 쉽고 재미있게 공부할 수 있도록 도움을 주고 있습니다.

감수 111퍼센트
111퍼센트는 전 세계 1억 명 유저를 대상으로 캐주얼 게임을 개발 및 서비스 하고 있는 국내 게임 개발사로, 대표작으로는 <랜덤다이스>와 <운빨존많겜>이 있습니다.

기초 튼튼 통합과학 시리즈

운빨 용병단 눈떠보니 과학

1 우주와 생명

글 알에스미디어 | 그림 정수영
과학 콘텐츠 **대치동 쏜쌤** | 감수 **111퍼센트**

서울문화사

추천사

과학을 모험처럼 즐기자!
가장 쉬운 통합과학 입문서

'통합과학? 고등학교에서나 배우는 거 아냐?' 이제는 아닙니다!
고등학교 통합과학의 핵심 개념을 초등학생도 쉽게 이해할 수 있도록 풀어낸 특별한 과학 시리즈 〈운빨용병단 눈떠보니 과학〉!

이 책은 초등학생이 좋아하는 〈운빨용병단〉 캐릭터를 활용해 어렵고 복잡하게 느껴질 수 있는 고등 통합과학의 주제를 재미있는 스토리 속 과학 미션을 통해 자연스럽게 배울 수 있도록 구성했습니다. 고등학교 수준의 과학 개념을 초등학생 눈높이에 맞춰 설명하며 '과학은 어렵다'는 편견을 깨 줍니다.

'과학은 왜 공부해야 할까?', '이런 개념이 나한테 무슨 도움이 될까?' 이 책은 아이들이 이런 질문에 스스로 답을 찾을 수 있도록 도와줍니다. 운빨용병단의 흥미진진한 모험에서 과학의 원리를 발견하고, 학습 영상과 각 장 끝에 실린 개념 정리를 통해 학습 효과를 극대화합니다.

대치동에서 수많은 학생을 지도해 온 과학 전문 멘토 '솬쌤'의 검증된 콘텐츠로 과학에 첫발을 딛는 초등학생에게도, 선행 학습을 원하는 친구들에게도 쉽고 재미있는 최고의 통합과학 입문서가 될 것입니다.

대치동 솬쌤 **김소환**

2028 통합과학

💧 배우는 목적

통합과학은 초등학교, 중학교에서 배운 과학 지식과 탐구 활동을 바탕으로 미래를 살아가는 데 필요한 역량을 키우기 위한 과목입니다.
또한 물리·화학·생명과학·지구과학의 기초를 통합적으로 다루고, 문과·이과 과목을 나누지 않음으로써 과학 지식과 인문 지식의 융합으로 나아가 자연 현상을 보다 더 넓은 관점으로 바라볼 수 있습니다.

💧 내용

통합과학1

Ⅰ. 과학의 기초
- 시간과 공간 - 기본량과 측정
- 신호와 정보

Ⅱ. 물질과 규칙성
- 원소의 형성
- 화학 결합
- 지각과 생명체의 구성 물질
- 물질의 전기적 성질

Ⅲ. 시스템과 상호작용
- 지구시스템의 구성 요소와 상호작용
- 역학 시스템과 중력
- 생명 시스템과 세포 내 정보의 흐름

통합과학2

Ⅰ. 변화와 다양성
- 지질 시대의 환경과 생물
- 자연선택과 생물다양성
- 산화와 환원 반응 - 중화 반응
- 물질 변화에서 에너지 출입

Ⅱ. 환경과 에너지
- 생태계 구성 요소 - 생태계 평형
- 온실 효과와 지구온난화
- 태양·전기 에너지 - 에너지 전환과 효율

Ⅲ. 과학과 미래 사회
- 미래 사회 문제 해결 - 빅데이터
- 과학 기술과 과학 윤리

💧 공부 방법

연계 학습!
초등학교, 중학교 과학 교과서 내용의 연장선

흐름 중요!
한 단원의 내용 전체를 자연스러운 흐름으로 연결

이해 필수!
무작정 암기 NO!
앞뒤 내용을 이해하면서 습득

이 책의 특징

1. 준비하라!
2028 수능 통합과학

2028학년도 수능부터 새로 도입되는 통합과학의 핵심 개념과 흐름을 초등 눈높이에 맞춰 쉽고 재미있게 익힐 수 있습니다.

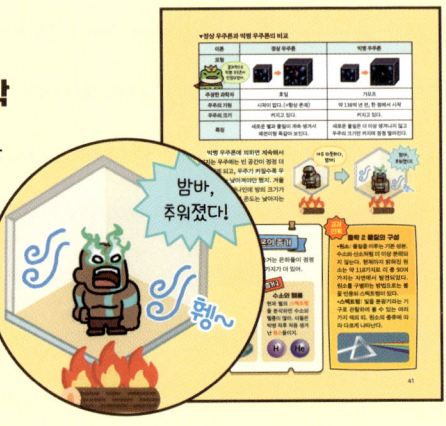

2. 응용하라!
실험은 직접, 상식은 쏙쏙

집에서 직접 따라 해 볼 수 있는 간단한 실험과 고등학교 통합과학을 미리 맛볼 수 있는 심화 상식을 본문만큼 재미있게 구성했습니다.

3. 신뢰하라!
과학 전문가 집필 참여

16년 교직 생활과 수년간의 대치동 학원에서의 강의 경험을 바탕으로 과학 전문 선생님이 직접 학습 원고를 집필했으며, 꼼꼼한 감수로 책의 완성도를 한층 강화했습니다.

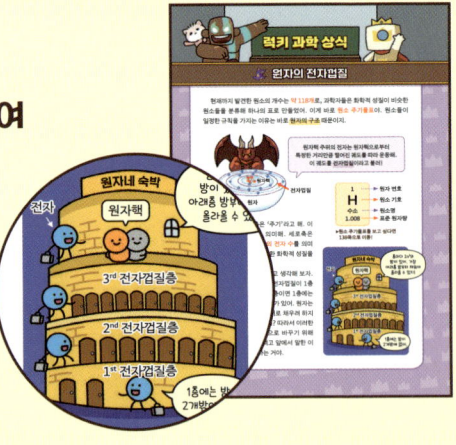

잊지 말자!
예습과 복습 시스템

예습 본문을 읽기 전, QR코드를 스캔해 학습 영상을 보며 어떤 개념을 다루게 될 지 미리 익힐 수 있습니다.

복습 본문을 읽은 후, 어떤 흐름으로 과학 내용을 배웠는지 한눈에 정리할 수 있습니다.

QR코드 아래에 적힌 *영상 재생 시간*으로 바로 이동해 해당 부분의 영상을 보며 학습 페이지를 읽으면 좋아.

등장인물

산적

| 일반 | 근거리 | 인간 |

운빨용병단을 모은 장본인.
거침없이 행동하는 편입니다.
마음씨가 착합니다.

와트

| 신화 | 근거리 | 인간 |

전기 실험을 좋아하는 괴짜.
자신의 연구를 완성하기 위해서라면
무슨 일이든 해냅니다.

밤바

| 신화 | 근거리 | 인간 |

신비의 푸른 액체를 마시고
강해진 원주민입니다.
귀여운 동물을 좋아합니다.

아이언미야옹

| 신화 | 근거리 | 동물 |

펄스 박사가 냥줍해서 그의
반려묘가 되었습니다. 건틀렛을
누르면 아이언미야옹으로 변신!

블롭

| 신화 | 근거리 | 악마 |

적을 처치할수록 공격력이 점점 강해지는 외계 전투 종족. 가끔 정신을 잃고 날뜁니다.

킹 다이안/개구리 왕자

| 신화 | 근거리 | 인간/동물 |

한때는 전설 속 왕국의 지배자였지만 지금은 개구리가 되었습니다. 하지만 운빨이 좋아 저주가 풀리면….

랜슬롯

| 신화 | 근거리 | 인간 |

전설의 갑옷을 입고 얼떨결에 최강의 기사가 되었습니다. 무척이나 정의로워요.

드래곤

| 신화 | 원거리 | 동물 |

레드 드래곤족의 마지막 후예. 갓 태어난 아기 드래곤입니다. 어리다고 얕보다간 큰일나요.

매지션

럭큐브의 제7면, '불행 지대'를 다스리는 정체불명의 마왕의 부하로 세상을 불행으로 물들이고자 합니다. 다양한 마법 능력을 가지고 있습니다.

차 례

🌰 스포일러 · 13   ⭐ 프롤로그 · 14

WAVE 1
아르카디아 행성 · 25
- 운빨 UP 과학 UP ① 우주 팽창, 빅뱅 우주론 · 40
- 럭키 과학 실험 우주 팽창 원리 실험 · 42

WAVE 2
위기 탈출 대작전 · 43
- 운빨 UP 과학 UP ② 별의 진화, 원소의 형성 · 62
- 럭키 과학 상식 우주의 진화 과정 · 64

WAVE 3
생명의 씨앗 · 65
- 운빨 UP 과학 UP ③ 원소와 전자, 화학 결합 · 84
- 럭키 과학 상식 원자의 전자껍질 · 86

WAVE 4
암석 괴물 등장 · 87
- 운빨 UP 과학 UP ④ 지각과 생명체 구성 물질 · 110
- 럭키 과학 실험 규산염 광물 구조 만들기 · 112

WAVE 5
탄소 마을과 규소 마을 · 113
- 운빨 UP 과학 UP ⑤ 물질의 전기적 성질, 반도체 · 130
- 럭키 과학 상식 우리 주변의 반도체 · 132

🏆 학습리뷰 · 133

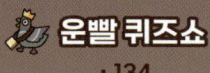 운빨 퀴즈쇼 · 134   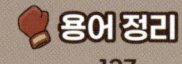 용어 정리 · 137   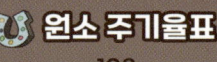 원소 주기율표 · 138   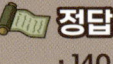 정답 · 140

1권의 학습 내용을 미리 볼 수 있다네! 선생님의 재미있는 영상을 준비했으니 일단 봐라!

📖 우주의 탄생, 빅뱅 · 초중등 교과 연계 · 우리 은하, 우주 팽창, 별

모든 것은 빅뱅에서 시작됐어. 아무것도 없던 상태에서 갑자기 '펑!' 하면서 시간도 생기고 공간도 생기고 물질도 생긴 거야. 그때 만들어진 수소랑 헬륨이 모여 별이 되고, 별의 깊은 안쪽에서 우리 몸을 이루는 원소들이 만들어졌어. 우리 몸에 있는 산소, 탄소, 철 이런 것들은 전부 별의 탄생과 진화 과정에서 나온 거야. 말 그대로 우리는 별에서 온 존재인 거지.

▲1권 학습 내용

📖 생명체와 지구 · 초중등 교과 연계 · 원소, 원자, 이온, 암석, DNA

별의 진화 과정에서 만들어진 원소는 구조적으로 안정한 상태가 되기를 원해. 그래서 원소끼리 전자를 주고받으며 이온 결합, 공유 결합과 같은 화학 결합을 하지. 이때 원자들이 서로 딱 붙으면서 물질이 만들어지는 거야. 그렇게 물도 생기고, 세포도 생기고, 결국 생명체도 탄생하게 된 거지.
지구도 그냥 우연히 생긴 돌덩어리가 아니야. 규소와 산소가 주성분인 지각이 만들어지고, 여러 가지 결합 방식으로 다양한 광물이 만들어졌어. 그리고 수십억 년이 지나 지구에 생명체가 나타나게 된 거야.

📖 물질의 전기적 성질 · 초중등 교과 연계 · 전자, 전류, 전하

이렇게 만들어진 물질을 자세히 살펴보면 원자핵 주변의 전자들이 움직이면서 전기가 흘러. 우리는 '반(半)만 도체'의 성질을 지닌 반도체의 원리를 이용해 전기의 흐름을 제어할 수가 있어. 특수한 상황이 될 때만 전기를 흐르게 해 각종 전자 기기 및 컴퓨터, 스마트폰을 만들 수 있게 되었지.

※본 책에 나오는 특정 학년과 학기 및 단원명은 2022 개정 교육과정을 기준으로 기재하였습니다.

작은 원소가 생명체와 지구를 만들고
첨단 기술로까지 활용된다는 사실! 정말 멋지지 않아?
자세한 이야기가 궁금하다면
지금 바로 책을 읽어 보자고!

으아아악!

아아… 안녕, 친구들! 난 산적이야. 내가 누구냐고?

운빨용병단의 첫 번째 용병… 이크! 여유 있게 자기소개나 할 때는 아닌 것 같아. 몬스터들이 **운빨 왕국**에 쳐들어와 난리를 피우는 바람에 긴급 소집됐거든.

그런데 오늘따라 몬스터들의 움직임이 심상치 않았어. 평소에는 슬라임들과 골렘들이 많아야 50마리쯤이었는데 오늘은 200마리가 한꺼번에 성벽을 넘어온 거야!

"걱정 마라! 행운과 승리는 늘 우리와 함께다!"

랜슬롯은 위풍당당하게 전장의 중심에서 소리쳤지.

"맞다, 밤바! 우리가 누구냐! 우리는 바로…."

사방에서 달려드는 몬스터들을 물리치며 그 어느 때보다 눈부신 활약을 펼쳤지만 야속하게도 골렘과 슬라임들은 성벽을 넘어 숨 쉴 틈 없이 몰려오고 있었어. 모두가 거친 숨을 몰아쉬며 마지막 힘을 쥐어짜내 방어 태세를 갖추려던 그때…!

"매지션이다!"

왕국 상공에 불행의 기운을 잔뜩 풍기고 있는 저 녀석!

우리가 살고 있는 **럭큐브 행성**을 불행에 빠트리고 정복하려는 **마왕**의 부하이자, 다양한 마법 능력을 부리는 탓에 용병단의 골머리를 앓게 만드는 **매지션**이 나타난 거야!

달려드는 몬스터를 처치하는 데 정신이 팔려 어마어마한 덩치가 바로 머리 위까지 왔는데도 전혀 알아채지 못했다니… 용병단으로서 부끄럽기 짝이 없네!

크흠…. 아무튼 마왕은 몬스터로 우리의 주의를 끌고 매지션으로 왕국을 기습하려던 모양이야. 이번 작전을 위해 마왕이 꽤나 많은 **불행의 기운**을 사용했겠는걸.

우리의 앞날을 예고라도 하듯 갑자기 하늘이 엄청 흐려지고 먹구름이 드리우기 시작했어. 어둠 속에서 으스스하고 섬뜩한 붉은빛을 뿜고 있는 매지션의 눈동자는 한순간 우릴 완전히 압도했지. …잠깐만, 붉은빛?

"모두들 조심해!"

번쩍-! 콰과과광!

그 순간 번개가 번뜩이고 천둥이 우르릉거리더니 불타오르는 운석들이 땅으로 곤두박질치기 시작했어! 다행히 운빨용병단답게 모두가 운석을 피할 수 있었지만, 동시에 사방팔방에서 몰려든 몬스터들로 꼼짝할 수 없게 되었지.

 갑자기 뒤편 풀숲에서 전구 머리를 한 누군가가 나타났어! 기계 제국 출신 와트조차 고개를 갸웃거리며 '사람 아니면 로봇…?'이라고 중얼거렸지.

 모두가 숨죽인 채 미동도 않고 있던 그때, 갑자기 전구 인간의 머릿속 필라멘트가 강한 빛을 뿜어내기 시작했어.

 "다… 당신은 누구고 여기는 어딥니까?"

 우리 중에서 가장 호기심이 많은 와트는 궁금증을 참지 못하고 전구 인간에게 말을 건넸어.

 "여기가 어디라니… 이곳을 알고 온 것이 아닌가?"

 "잠시 정신을 잃고 깨어난 곳이 바로 이 숲속이었거든요…. 여긴 럭큐브의 어느 면인가요?"

 전구 인간은 잠시 생각에 잠기더니 몸을 **휙** 돌리며 말했어.

 "자세히 알려 주고 싶지만 나도 그렇게 시간이 많지 않아서 말이지. 그럼 이만 수고들 하시게나."

우린 모두 전구 인간이 가리키는 쪽을 바라봤어. 하지만 아무것도 없고 우거진 수풀만이 있었지.

전구 인간에게 방향을 다시 물으려고 뒤를 돌아봤는데 이미 전구 인간은 사라지고 없었어! 빛의 속도로 사라졌더라고.

"밤바! 배고프다! 일단 그 방향으로 가 본다!"

밤바는 답답했는지 곧바로 소리를 지르며 앞으로 뛰어가기 시작했어. 우리도 밤바를 뒤쫓아 달렸지. 그리고 얼마 지나지 않아 나무들 사이로 희미한 빛이 어렴풋이 보이기 시작했어.

"아르카디아? 럭큐브에 이런 데가 있었나?"

개구리 왕자가 간판을 올려다보며 말했지. 우리는 출신 지역이 다 달랐지만 그 누구도 들어 본 적 없는 곳이었어.

"일단 상황을 파악해야 하니까 들어가 보자."

내가 먼저 말을 꺼내긴 했지만 사실 여기가 어떤 곳인지 전혀 모르잖아? 혹시라도 문을 열었다가 덫에 걸리면 어떡해! 그래서 나도 모르게 아주 잠시 주춤거렸지. 그때 -내 생각을 읽은 것 같지는 않지만- 배고파 보이는 블롭이 **크앙** 하고 입을 크게 벌리더니 손잡이를 벌~컥 잡고 문을 당겼어.

문이 열리자 **헉** 하고 깜짝 놀랄 광경이 펼쳐졌지!

거대한 폭발음과 동시에 진동의 여파로 창문의 유리들이 **와장창** 깨져 버렸다.

"이크, 모두들 조심해!"

드래곤은 커다란 날개로 용병단을 감싸며 소리쳤다.

폭발음은 두어 번 작게 난 후로는 더 이상 들리지 않았고 다행히 유리창 외에 깨지거나 부서진 것은 없었다.

"여러분! 다들 괜찮으세…요?"

한숨 돌린 산적이 다른 사람들을 살폈지만 어안이 벙벙할 뿐이었다. 용병단과는 달리 사람들은 무표정으로 자세 하나 바꾸지 않았고 그저 몇몇만이 헛기침을 하고 있었기 때문이었다. 너무나 익숙한 일이라는 듯한 반응들이었다.

"어… 다들 괜찮으신 거죠? 그나저나 무슨 상황인지 도통….'

이번에는 와트가 더듬거리며 질문을 던지자 벽에 기대고 있던 카우보이 복장의 남자가 흘끗 쳐다보며 대꾸했다.

"여기까지 오면서 보시지 않았나요? 확실히 이상해졌잖아요…. 예전의 **아르카디아 행성**이 아니라고요."

카우보이의 목소리에는 지친 기색이 가득했다.

"아르카디아 행성? 럭큐브 행성이 아니라고?"

용병단은 일제히 소리를 꽥 지르고 서로 눈짓을 주고받았다. 짧은 침묵 끝에 랜슬롯이 다시 말을 꺼냈다.

"저희는 럭큐브 행성에서 왔습니다. 이 행성과 지금 상황에 대해 알려 주실 수 있겠습니까?"

랜슬롯의 질문에 카우보이 옆에 있던, 지구라는 곳의 유명한 아인슈타인이라는 사람을 닮은 남자가 대답했다.

"그러니까, 이 마을이 처음이라는 겐가? 시작점에서 조금 떨어진 곳인데 순서가 그렇게도 되나? 아무튼 도대체 어쩌다 이렇게 됐는지… 제발 이곳에서 벗어나고 싶구려!"

"지, 진정하시고 무슨 일인지 자세히 말해 주세요."

아인슈타인을 닮은 남자는 머리를 쥐어뜯으며 말을 이었다.

"이곳 **아르카디아**는 과학을 쉽고 재미있게 배울 수 있도록 만들어진 일종의 **관광 행성**이네. 마을마다 여러 **과학 이벤트**들과 놀이기구, 미션들이 있어서 아이들도 재미있게 체험할 수 있지. 그런데 어느 순간 미션의 난이도가 높아져서 도무지 다음 장소로 이동할 수 없게 됐고, 어디선가 몬스터들까지 나타나기 시작했다네. 그러더니…!"

"맞아요. 원래는 모든 마을에 **로켓**이 준비되어 있었어요. 급한 일이 생기거나 관광을 그만하고 싶으면 여행을 끝마칠 수 있도록 말이죠. 그런데 그 로켓이 모조리 폭파되었어요!"

목에 카메라를 건 다른 관광객이 대답했다.

"외부와의 통신도 끊겼고요!"

"이 행성 관리자들조차도 연락이 안 되고 있다니까요?"

어느새 용병단의 주위로 사람들이 몰려와 저마다 하소연을 하기 시작했다. 조용했던 건물 안이 시끌벅적해져서 용병단은 서로의 목소리도 듣지 못할 정도였다.

"먀… 먀먀!"

"블롭블롭!"

"밤바! 정신이 없어졌다! **시끄럽다아아아아!**"

모두의 목소리보다 더 큰 밤바의 외침에 순식간에 사방이 조용해졌다. 그 틈에 운빨용병단은 자신들을 에워싼 사람들에게서 떨어져 한군데로 모였다.

잠시 후 용병단은 고개를 끄덕이고는 -블롭은 몸통까지 끄덕였지만- 자신감 넘치는 모습으로 사람들에게 향했다.

"이 마을의 미션을 알려 주십쇼. 저희가 해 보겠습니다."

랜슬롯의 중저음 목소리가 건물 안 구석구석 울려 퍼졌다.

"어디로 가야 하나, 밤바!"

"이 건물에서 오른쪽으로 쭉 가시면 거인의 머리가 나올 겁니다. 그 거인의 입안으로 들어가세요."

밤바와 눈이 마주친 남자가 손짓을 하며 말했다.

용병단은 건물 입구로 걸어 나갔다. 마치 퍼레이드가 펼쳐지는 것처럼 사람들은 양옆으로 갈라져 길을 터 주었다.

건물의 낡고도 거대한 문이 열렸다.

"이곳에서 기다려 주세요. 저희가 방법을 찾으면 돌아와 꼭 알려 드리겠습니다."

"잠깐만! 아직 자네들의 이름도 묻지 않았구먼."

마법사 지팡이 같은 것을 짚은 할아버지가 말했다.

용병단은 걸음을 멈추고는 입을 모아 외쳤다.

…라고 자신 있게 나선 후로, 한 시간가량 지났을까. 오른쪽으로 쭈욱~ 간 지 한참이나 됐는데 거인은 커녕 조그만 쥐 한 마리도 나타나지 않았다.

"아! 좋은 생각이 났어!"

와트가 손가락을 튕기며 말했다.

"드래곤! 날아서 우리가 어디쯤인지 알려 줘!"

"나밖에 할 수 없는 일이긴 하네. 좋아!"

하늘로 날아오른 드래곤이 날개를 한두 번 펄럭였을까, 드래곤은 도로 땅으로 착지했다. 그러면서 큰 먼지가 일어나는 바람에 용병단은 기침을 콜록거렸다.

"드래곤, 왜 그렇게 빨리 내려와? 날개를 다쳤니?"

산적이 묻자 드래곤은 다시 날아 앞쪽을 가리켰다.

"도착했는데?"

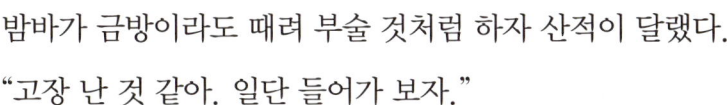

"환영합니다! 이곳은 우주 탄생의 비밀을… 삐빅? 환영합니다. 탄생… 아니, 대폭발에 휩싸이는… 원소가 공격하게 될… 지이이이잉~!"

"뭐냐, 밤바! 답답하다! 제대로 말해라!"

밤바가 금방이라도 때려 부술 것처럼 하자 산적이 달랬다.

"고장 난 것 같아. 일단 들어가 보자."

산적의 말을 듣지 못했는지 와트가 꼼짝 않고 서서 로봇을 관찰하자 보다 못한 드래곤이 콧등으로 와트를 **톡** 밀었다.

용병단이 막 들어가려는데 랜슬롯이 나직이 중얼거렸다.

"평범한 문이면 모를까, 하필 입이라니 어째 찜찜하군."

"서, 설마 살아 있는 건 아니겠지? 입이 탁 닫히진 않겠지?"

개구리 왕자도 불길하다는 듯 발걸음을 재촉했다.

그 순간…!

"밤바 입, 거인 입보다 작다! 아이언미야옹은 왜 빔 쏜 거냐!"

"당연히 거인 입이 더 크지! 아이언미야옹은 놀란 거고!"

용병단은 아이언미야옹과 밤바를 번갈아 보며 고개를 저었다.

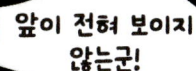
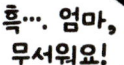

　엄청난 폭발과 동시에 용병단은 공중으로 튕겨져 나갔다. 그리고 분명 하나의 점과 같았던 잔디밭이 어느새 광활하게 펼쳐져 있었다. 다행히 용병단은 폭신한 잔디 위로 떨어졌다. 하지만 안개가 자욱해 앞이 보이지 않았다.

　"모두 무사해? 모두 괜찮은 거냐고오오오!"

　산적이 고래고래 소리를 질렀지만 아무런 대답도 돌아오지 않았다. 울려 퍼지던 산적의 외침이 작아지자 하늘에서 펄럭거리는 큰 소리가 들리더니 안개가 걷히기 시작했다.

　"응! 아이언미야옹과 나는 공중으로 피했어!"

　드래곤은 계속 날개를 퍼덕였고 덕분에 주변의 안개는 모두 사라졌다. 그러자 산적의 눈에 드래곤과 아이언미야옹이 또렷이 보였다. 그런데 그때 드래곤이 갑작스레 외쳤다.

　"뭐, 뭔가가 나타났어!"

흩어진 안개 사이로 거대한 **우주 전함**이 모습을 드러냈다. 그리고 곧이어 전함 하부에서 무언가 덜커덕 나오더니….

"다들 피해―!"

산적, 드래곤은 약속이나 한 듯 소리쳤다. 저 정체 모를 전함이 위험하다는 것을 본능적으로 알아챈 것이었다. 게다가 이들이 누군가! 그간의 전투로 레벨 업이 된 데다 운빨이 따라 준 덕에 모두들 무사히 총포에서 나온 빔을 피할 수 있었다.

"밤바! 공중제비 돌았다! 어지럽다!"

"이런! 생각보다 너무 빨라!"

정신없이 빔을 피하고 있는 밤바와 와트의 다급함이 느껴질 때쯤 갑자기 빔 공격이 뚝 끊겼다. 우주 전함의 모습도 어느새 사라지고 없었다. 주변을 둘러보니 아까까지 광활하면서 평편했던 잔디밭은 마치 협곡처럼 변해 있었다.

우주 전함이 쏜 빔 덕분에 안개도 모두 걷혀 용병단 전원이 다시 한데 모였다. 역시 운빨 좋은 그들이었다.

"도대체 저 우주 전함은 뭐고 어디로 사라진 거지?"

산적의 질문에 대답하듯 와트가 나침반 같은 것을 내보였다.

와트의 발명품 중 하나인 위치 추적기에 용병단 일행의 위치가 점으로 보였다. 그런데 그 점은 서로에게서 점점 멀어지고 있었다. 분명 용병단은 한데 모여 가만히 있는데도 말이다.

"땅이 움직이고 있는 걸까, 와트?"

"글쎄…. 잘은 모르지만 이대로 가다간 서로가 더 멀어질 것이란 건 확실하지!"

산적과 와트가 화면을 보는 사이, 개구리 왕자가 인기척을 느끼고 하늘을 가리켰다.

"저 위 좀 봐! 이상한 공들이 생겨났어!"

"블롭? 브브브롭? (갑자기 웬 공이 나타났지?)"

"폭발… 팽창하는 잔디밭… 아까 안내 로봇이 말했던 우주 탄생…. 그렇다면 저 공의 정체는!"

와트는 고개를 퍼뜩 들고는 다급하게 소리 질렀다.

"내 예상대로면 저 공들끼리 뭉치기 시작할 거야! 그렇게 되면 방금 레이저 빔보다 훨씬 더 위험해질지도 몰라!"

"밤바?! 그게 무슨 소리냐!"

"그게 그러니까 저 공들이 융합하면……!"

설명을 하려던 와트의 눈이 엄청 커졌다. 와트의 말대로 공들끼리 서서히 가까워지기 시작했던 것이다!

"으악! 큰일 났다! 지금 설명할 시간 없으니까, 잘 들어!"

용병단의 시선이 와트에게로 꽂혔다.

와트는 더욱 초조한 기색이 되어 이렇게 외쳤다.

모두 당장 눈 감고 엎드려…!

운빨 UP 과학 UP ①

#우주 팽창 #빅뱅 우주론

▶01:42~

허블이 발견한 우주의 팽창

우주는 어떤 곳일까? 우주는 지구를 포함한 태양계, 별, 그리고 은하들이 있는 공간이야. 은하란 수많은 별들이 모여 있는 거대한 별들의 마을과 같은데, 우주에는 우리 은하 말고 우리 은하 밖에 흩어져 있는 은하들(외부 은하)도 아주 많이 있어. 허블이라는 과학자는 커다란 망원경으로 하늘의 은하를 관찰하다가 놀라운 것을 발견했지. 우리 은하로부터 외부 은하가 멀어지고 있고, 멀리 있는 은하일수록 더 빠르게 멀어진다는 것을 말이야!

 허블

> 아인슈타인은 우주가 정적이라 했지만, 우주는 팽창한다고!

▶우주 팽창 실험이 궁금하다면 42쪽으로 이동!

 교과 연계 초등 4-2 밤하늘 관찰, 중학 1 태양계, 중학 2 별과 우주

*태양계: 태양과 태양의 영향을 받는 천체로 수성, 금성, 지구, 화성, 목성, 토성, 천왕성, 해왕성이 속해 있다.
*우리 은하: 태양계가 속해 있는 은하. 중심부가 볼록한 원반 모양으로 위에서 보면 나선팔이 소용돌이 형태.

▲우리 은하의 상상도

정상 우주론 vs 빅뱅 우주론

허블의 관측을 통해 우주는 계속해서 팽창하고 있다는 사실을 알게 된 과학자들은 또 다른 궁금증이 생겼어. '그렇다면 우주의 처음 모습은 어땠을까?'

어떤 사람들은 우주의 처음 모습도 지금과 거의 비슷했다고 생각했고(정상 우주론), 어떤 사람들은 우주의 시계를 거꾸로 돌리면 결국 하나의 작은 점에서 시작되었다고 생각했어(빅뱅 우주론).

▼정상 우주론과 빅뱅 우주론의 비교

이론	정상 우주론	빅뱅 우주론
모형		
주장한 과학자	호일	가모프
우주의 기원	시작이 없다.(=항상 존재)	약 138억 년 전, 한 점에서 시작
우주의 크기	커지고 있다.	커지고 있다.
특징	새로운 별과 물질이 계속 생겨서 예전이랑 똑같아 보인다.	새로운 물질은 더 이상 생겨나지 않고 우주의 크기만 커지며 점점 멀어진다.

빅뱅 우주론에 의하면 계속해서 커지는 우주에는 빈 공간이 점점 더 많아지게 되고, 우주가 커질수록 우주의 온도는 낮아져야만 했지. 겨울에 보일러는 하나인데 방의 크기가 계속 커지면 방의 온도는 낮아지는 것처럼 말이야.

빅뱅 우주론의 증거

빅뱅 우주론에 대한 증거는 은하들이 점점 멀어진다는 것 외에도 두 가지가 더 있어.

증거1
 우주 배경 복사
빅뱅 직후에 남은 뜨거운 에너지의 흔적이 지금도 우주에 아주 약한 빛으로 퍼져 있어.
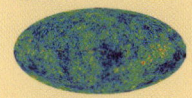

증거2
 수소와 헬륨
현재 별의 스펙트럼을 분석하면 수소와 헬륨이 많아. 이들은 빅뱅 직후 처음 생겨난 원소들이지.

교과연계 중학 2 물질의 구성

*원소: 물질을 이루는 기본 성분. 수소와 산소처럼 더 이상 분해되지 않는다. 현재까지 밝혀진 원소는 약 118가지로 이 중 90여 가지는 자연에서 발견되었다. 원소를 구별하는 방법으로는 불꽃 반응과 스펙트럼이 있다.

*스펙트럼: 빛을 분광기라는 기구로 관찰하여 볼 수 있는 여러 가지 색의 띠. 원소의 종류에 따라 다르게 나타난다.

럭키 과학 실험

🌰 우주 팽창 원리 실험

🧀 준비물   풍선, 별 스티커

집에서 간단하게 우주 팽창을 실험할 수 있어. 우선 풍선에 별 스티커를 여러 개 붙이자. 이때 풍선은 우주, 별 스티커는 은하를 뜻해. 풍선을 점점 크게 불면 어떻게 될까?

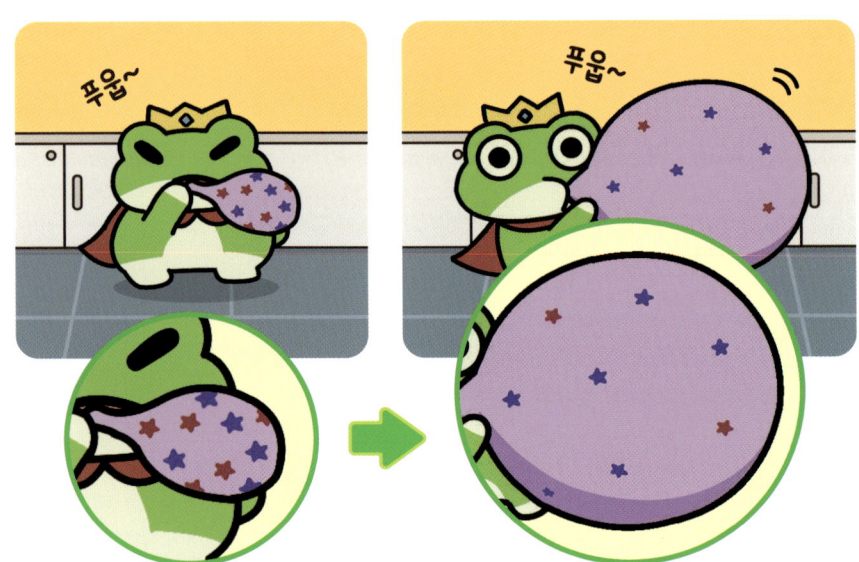

풍선은 계속 커지고, 풍선 위에 붙어 있는 별들은 서로 계속 멀어지겠지?
이 현상과 비슷하게 우주도 계속 커지고, 그 안에 있는 은하들도 계속 멀어지고 있는 거야.

지금도 우주는 팽창하고 있어!

빅뱅 우주론, 흥미로운데?

와트의 쩌렁쩌렁한 외침은 협곡 곳곳에 닿았다. 용병단은 일제히 바닥에 엎드렸다. 와트가 머리를 두 손으로 감싸자 나머지도 똑같이 따라 하고는 눈을 꼭 감았다.

용병단이 웅크리고 있는 동안 공들은 서로 가까워지고 곧이어 뭉쳐지더니 눈부시게 빛나기 시작했다.

하지만 예상과 달리 당장 폭발하지는 않았다. 다만 그 주변은 순식간에 엄청난 빛과 뜨거운 열기로 채워졌다.

"아직 시간이 있군…! 이 틈에 자리를 옮기자!"

와트의 말에 고개를 든 용병단은 엄청나게 후끈한 열기에 숨이 턱 막혔다.

"저기가 좋겠어!"

산적이 다급히 어딘가를 가리켰다. 그곳에는 마치 동굴 입구처럼 보이는 곳이 있었다. 용병단에게는 다른 선택지가 없었다.

용병단이 동굴로 들어오자마자 바깥 저 멀리서 웅웅거리는 듯한 폭발음이 연달아 들려왔다. 아무래도 당분간 밖으로 나가기는 힘들어 보였다.

랜슬롯이 숨을 천천히 내쉬며 말했다.

"이왕 이렇게 된 거 조금 쉬는 게 좋겠군."

그도 그럴 것이 용병단은 몬스터와 싸우다 난데없이 이곳으로 와서 지금까지 숨 돌릴 틈이 없었다. 동굴 안에 별다른 이상이 없어 보이자 누가 먼저랄 것도 없이 **스르르** 눈을 감았다.

…얼마나 시간이 지났을까.

어두웠던 동굴을 훤히 비추는 빛에 눈이 부신 듯 산적이 얼굴을 찌푸리다 퍼뜩 눈을 떴다. 동굴 천장에 난 별 모양 구멍에서 햇빛이 들어오고 있었다.

"다들 피로가 좀 풀렸나?"

먼저 잠에서 깼던 것인지 랜슬롯이 입을 열었다.

"블롭! 블로~옵!"

"먀먀먀!"

"난 이제 불을 좀 뿜을 수 있을 것 같아!"

"내가 킹 다이안으로만 변했어도 저런 것 따위는…!"

"다들 무사해서 다행이야."

"이 틈에 얼른 청소기 상태를 봐야겠어—!"

"맛있는 거 먹고 싶다, 밤바!"

각자 한 마디씩 하며 주섬주섬 자리에서 일어나 약속이나 한 듯 별 모양 빛이 쏟아지는 곳으로 둥그렇게 모여 섰다.

운빨용병단은 잠시 서로를 말없이 바라보았다. 이곳에 온 뒤로 각자의 마음속에서 조금씩 자라났던 불안과 두려움이 어느새 싹 사라져 있었다.

"용병단인 우리에게도 이렇게 어려운데… 과연 다른 이들이 충분히 지쳐 쓰러질 만한 난이도로군."

랜슬롯의 말에 모두 동의하듯 저마다 고개를 끄덕였다.

"이 아르카디아라는 행성… 심상치 않아. 우리가 우연히 이곳으로 온 건지, 매지션에 의해 온 건지도 명확하지 않고…."

와트는 턱에 손을 괴고는 연신 고개를 갸웃거렸다.

"우선 출구를 찾아보자. 여기에 계속 숨어 있을 순 없으니!"

개구리 왕자가 제안하자 밤바는 힘차게 '밤바!' 하고 외치며 용감하게 앞장섰다. 모두들 밤바를 따라 들어왔던 곳으로 걸음을 옮기려는 그때, 갑자기 아이언미야옹이 밤바를 막아섰다.

아이언미야옹의 조그마한 손은 동굴의 안쪽을 가리켰다.

모두의 시선이 아이언미야옹의 손끝에 모아졌다.

"괜…찮을까? 괜찮을 확률이 내가 킹 다이안으로 변신할 확률보다 적….'

개구리 왕자의 목소리는 어딘가 자신이 없었다.

"아이언미야옹이 이렇게 한다는 건 확실하다는 뜻일 거야!"

산적이 개구리 왕자의 등을 **톡톡** 두드리자, 그것을 신호로 용병단은 발걸음을 옮기기 시작했다.

동굴 안쪽은 바깥 상황처럼 급작스럽고 특별한 위험은 없었다. 그리고 안으로 들어갈수록 새들의 지저귐이 선명하게 들렸다. 곧 바깥으로 나갈 수 있겠다는 생각이 모두의 머릿속에 스치자마자 동굴 안으로 햇살이 쨍하게 비쳤다.

"드디어 탈츠… **개굴?**"

개구리 왕자가 출구 쪽으로 **폴짝폴짝** 뛰어갔는데, 모두의 눈앞에서 감쪽같이 사라졌다! 정확히 말하면 아래로 꺼졌다.

"으앗, 개구리 왕자! 괜찮아? 금방 갈게—!"

금방 가겠다는 말과는 반대로 용병단은 함정이라도 있을까 봐 아주 느릿느릿 걸음을 내딛었다.

…밤바를 제외하고 말이다.

밤바가 우당탕탕 달려오는 바람에 일행은 마치 볼링핀처럼 힘없이 아래로 **데굴데굴** 굴렀다.

"블롭블롭! 블로오오오오옵~!"

"밤… 아악… 쯔아… 부… 날… 펴를… 떠!"

드래곤의 알 수 없는 괴성이었지만 무슨 상황인지 알 것 같았다. 용병단은 길고 긴 미끄럼틀을 뒤엉켜 계속 굴러갔다. 이곳이 놀이공원 비슷~했다는 사실을 이제서야 기억하면서.

"자, 자, 자, 잠깐! 멈춰야 해! 길이 없다고오오오오~!"

끄트머리에서 멈춘 개구리 왕자가 다급히 외쳤다. 그러자 구르는 와중에 블롭이 아이언미야옹에게 신호를 보냈다.

아이언미야옹으로부터 추진력을 얻어 공중으로 날아오른 블롭은 몸을 최대한 부풀려 공기 저항을 이용해 속도를 조절하더니, 개구리 왕자 앞에 **착!** 안전하게 착지했다.

곧이어 블롭은 몸을 돌려 미끄러지고 있는 용병단을 바라보며 **와앙** 하고 입을 크게 벌렸다. 부풀린 몸만큼 입도 엄청 컸다. 점점 가까워지는 블롭의 입에 놀란 개구리 왕자가 외쳤다.

"이, 이, 이, 이, 이건 아니지 않아? 개구리 살려~!"

"아까는 석상 입이고 지금은 블롭 입이라니!"

굴러가는 것도 점잖은 랜슬롯의 탄식이 끝나자마자 밤바가 랜슬롯에게 **쿵!** 하고 부딪혔다. 그리고 그 힘에 튕겨진 용병단은 마치 도미노가 쓰러지듯 개구리 왕자, 산적, 와트, 랜슬롯의 순서대로 블롭의 입 안으로 **쏘옥** 들어갔다. 밤바 역시 멈추지 못하고 마지막으로 쑥 들어갔는데, 아이언미야옹과 드래곤은 타이밍 좋게 하늘로 날아오를 수 있었다.

"브… 블로옵…."

무려 다섯을 삼킨 블롭의 몸은 커질 대로 커져 있었다. 결국 중심을 잃은 블롭은 휘청거리며 아래로 떨어졌고, 바닥에 떨어지면서 용병단을 **우욱** 하고 토해, 아니 뱉어냈다.

"독수리장군님… 제 성적을 부디…."

"냥법사한테 행운석을…."

블롭의 입에서 엉금엉금 기어 나온 용병단은 저마다 이상한 혼잣말을 중얼거리더니 하나둘씩 정신을 차렸다.

"이 행성에 오고 나서 겪었던 일 중에 제일 끔찍했어…."

산적이 어째서인지 시무룩하게 말했다.

"아이언미야옹, 드래곤… 날 수 있어서 부럽군…."

"그래도 블롭 덕분에 안전한 곳으로 온 것 같아~!"

와트가 가리킨 손끝을 따라가니 용병단의 눈에 아까 본 공들이 계속해서 뭉쳐지고 폭발하는 모습이 보였다.

폭발이 남긴 먼지 뒤로는 아주 작은 행성이나 블랙홀 같은 것들이 만들어져 있었다.

"역시 우리 운빨은 알아줘야 한다니까~!"

"잠깐! 모두들 여기를 좀 봐!"

이번에는 개구리 왕자가 일행 모두를 불렀다. 개구리 왕자는 자신의 검으로 와트가 가리킨 하늘과는 반대인 곳, 그곳에 있는 무언가를 가리켰다.

그 검의 끝에 보인 것은 바로….

"뭐지? 시간이 줄어들고 있다, 밤바!"

탈출구 위에 적힌 숫자가 빠른 속도로 줄어들고 있었다.

"콜디가 있었으면 문을 얼려서 멈췄을 텐데…!"

"타이머야…! 시간이 다 되면 저 문이 닫히는 거 같아!"

다들 당황해서 어찌할 줄 모르고 있는데, 이번에도 블롭과 아이언미야옹이 눈빛을 주고받았다.

"…합의되지 않은 작전 같은데?"

랜슬롯은 아이언미야옹과 블롭을 번갈아 쳐다봤다.

"블롭블롭~♬"

블롭은 자기가 한 건 해냈다고 생각했는지 춤을 추듯 위아래로 몸을 흔들었다. 그 모습을 보고 모두 웃음을 터뜨렸다.

"먀먀먀—! 미야미야~ 미야옹!"

하지만 아이언미야옹의 다급한 부름에 다시 정신을 차리고 아이언미야옹 팬 1호 밤바를 선두로 모두 문 쪽으로 뛰어갔다.

그런데 맨 마지막으로 달려가던 랜슬롯과 산적의 앞을 누군가가 불쑥 가로막았다.

"뭐야…! 이런 쓸데없는 방해꾼까지 나타나다니!"

"산적! 랜슬롯! 빨리 와—!"

산적과 랜슬롯이 올 때까지 문이 닫히지 않도록 버티고 있던 용병단이 다급하게 외쳤다. 여럿이 버텨도 쉽지 않을 정도로 탈출구 문이 무겁고 강력했던 것이다. 용병단의 팔은 **덜덜** 떨리기 시작했다.

00:00:07…

00:00:06…

"모두 하나 둘 셋 하면 들어가는 거야!"

랜슬롯의 외침에 모두 고개를 끄덕였다.

하나… 둘… 셋!

"해, 해냈어—!"

저절로 환호성이 터져 나왔다. 서로 어깨를 부딪히고 하이파이브를 하는 등 용병단은 성공을 신나게 만끽했다.

"몬스터들의 습격으로부터 왕국을 지켰을 때처럼 기쁘군."

랜슬롯이 흐뭇한 표정으로 말하자 와트도 코를 쓱 문지르며 대꾸했다.

"내 실험이 성공했을 때만큼 기쁘다고~!"

그때였다. **철—컥!**

갑자기 한가운데서 강한 조명이 켜졌고, 그 아래에 덩그러니 놓여 있는 기계가 보였다. 동시에 용병단은 탈출구를 통과해 도로 어떤 공간에 들어오게 된 것임을 깨닫게 됐다.

미션 클리어를 축하합니다~!
미션 클리어를 축하합니다~!
미션 클리어를 축하합니다~!

조금 전까지의 기쁨이 쑥 사라진 운빨용병단은 조용히 기계 앞으로 다가가 화면을 쳐다보았다. 특히나 기계에 관심이 많은 와트는 기계 앞뒤를 왔다 갔다 하며 살펴보았다.

"깜짝이야!"

갑작스런 소리에 화들짝 놀란 와트가 떨어진 주사위 두 개를 집어 들었다. 겉보기에는 평범한 주사위로 보였다. 그런데 주사위를 내뱉은 기계의 화면이 빛나기 시작하더니 이윽고 안내 문구가 나오기 시작했다.

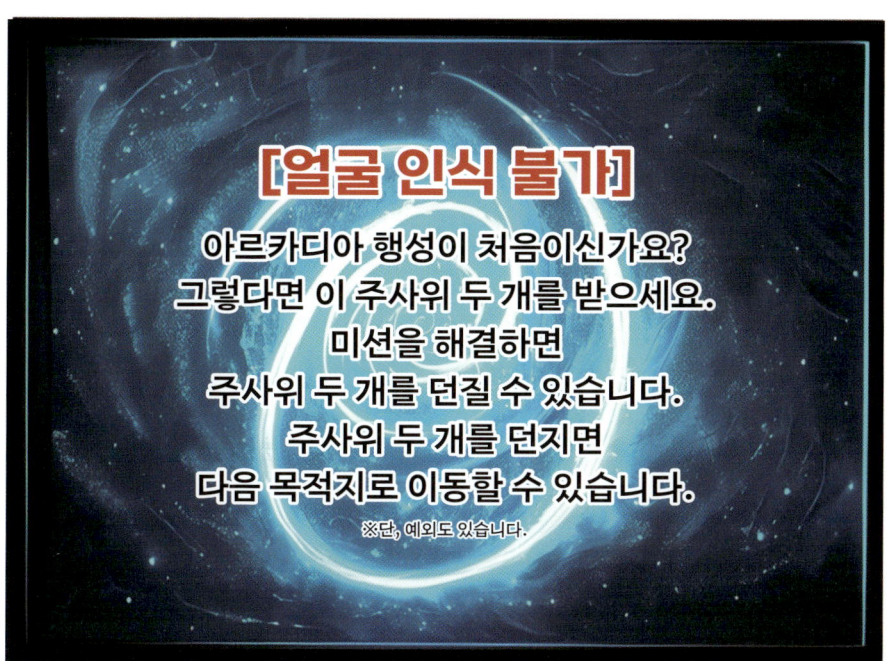

[얼굴 인식 불가]
아르카디아 행성이 처음이신가요?
그렇다면 이 주사위 두 개를 받으세요.
미션을 해결하면
주사위 두 개를 던질 수 있습니다.
주사위 두 개를 던지면
다음 목적지로 이동할 수 있습니다.
※단, 예외도 있습니다.

"내가 던질게! 내가! 나! 내~가! 나~!"

개구리 왕자는 자신이 주사위를 던지고 싶어 **폴짝폴짝** 뛰고 난리를 쳤다.

"하지만 킹 다이안으로의 변신을 계속 실패한 걸 보면, 요즘 운빨력이 별로인 거 아냐…?"

산적이 주춤하며 묻자 개구리 왕자가 가슴을 팍팍 두드리며 대답했다.

"아냐! 날 믿어! 이번엔 감이 좋단 말이야—!"

주사위 두 개를 집으려는 개구리 왕자와 막으려는 산적이 실랑이를 벌이는 동안 랜슬롯은 화면에 나오는 글을 계속 읽어 내려갔다.

"점수도 나왔군. 우리는 10만 점 만점에 9만 점. **미션 클리어 조건은 10만 점 만점에 9만 점 이상이었습니다. 아슬아슬했군요. 현재를 기준으로 1위는 패러매터 님입니다**—라는데."

"9만 점인데 1등이 아니라고…? 뭐가 이렇게 까다로워!"

"그건 그렇고 패러매터가 누굴까?"

"1등 하고 싶다, 밤바!"

너나 할 것 없이 화면을 바라보며 웅성거리고 있자 개구리 왕자는 그 틈을 타 주사위 두 개를 손에 넣었다.

"아하…. 둘 다 1이 나오다니 대단하네!"

산적이 기막혀 하자, 아이언미야옹과 블롭도 거들었다.

"미야옹. 먀먀—먀먀."

"…블롭블롭."

"아냐…! 분명 느낌 좋았다고!"

개구리 왕자가 안절부절못하며 모두의 눈치를 살피고 있는 바로 그때, 갑자기 바닥에 놓여 있던 주사위들이 천천히 허공으로 솟아오르기 시작했다!

슈우우우웅!

"우오! 개구리 왕자가 다음 미션 지역을 열었다, 밤바!"

밤바의 반응에 개구리 왕자가 어깨를 으쓱하고는 산적과 아이언미야옹, 블롭에게 혀를 날름거렸다. 그때 랜슬롯의 표정이 자못 진지해졌다.

"사람들에게 방법을 알려 준다고는 했었는데… 지금 그 길을 다시 돌아가기엔 위험이 너무 큰 것 같군. 우선 이곳을 통과해서 더 나은 방법을 찾는 게 좋을 것 같네만."

순간 잊고 있었던 약속이 떠오르자 용병단의 표정이 일제히 심각해졌다. **우리가 반드시 사람들을 도와줘야 한다. 운빨용병단은 반드시 약속을 지킨다!**

비장한 각오를 다진 용병단은 주사위가 만든 통로를 향해 천천히 걸어 들어갔다.

운빨 UP 과학 UP ②

#별의 진화 #원소의 형성

▶05:49~

우주의 맨 처음엔 무엇이 있었을까?

빅뱅이 일어난 직후, 우주는 엄청 뜨겁고 복잡했어. 하지만 시간이 지나면서 팽창하기 시작했고 온도가 식어 가자 처음으로 생긴 물질이 있었어. 그건 바로 **수소**와 **헬륨**이야. 이 두 가지는 우주에서 제일 먼저 생긴 **가벼운 원소**야. 우주에는 이 수소가 엄청 많은데, 우리가 아는 별들도 바로 이 수소로 만들어졌어.

▶자세한 우주의 진화 과정이 궁금하다면 64쪽으로 이동!

별은 어떻게 태어날까?

성운

수소와 헬륨의 **밀도**가 높아져서 **성운**이 돼.

여기가 대세야! 뭉칠수록 중력도 커진다!

원시별

성운이 점점 뭉쳐지면 **밀도**와 **중력**이 커져서 원시별이 돼. 원시별 안은 점점 뜨거워지고 빛나기 시작하지.

수소 핵융합 반응

주계열성

온도가 1000만K까지 올라가면 중심에 있던 수소가 헬륨으로 바뀌는 **핵융합 반응**이 일어나. 내부의 빛과 열을 내보내는 것이 바로 '**별**(주계열성)'이야.

교과연계

중학 2 별과 우주
 *별: 태양과 같이 스스로 빛을 내는 천체.
 *성간 물질: 별과 별 사이 비어 있는 공간에 옅게 퍼져 있는 가스와 먼지 등의 물질.
 *성운: 성간 물질이 모여 구름처럼 보이는 것.

중학 1 힘의 작용
 *중력: 지구와 같은 천체가 물체를 잡아당기는 힘.

중학 2 물질의 특성
 *밀도: 질량을 부피로 나눈 값. 물질마다 고유한 값을 가져서 물질을 구별할 수 있다.

나는 별빛을 차단해 어둡게 보이는 암흑 성운이지.
말의 머리 모양과 비슷해서 '말머리 성운'으로 불려.

▲암흑 성운의 모습

교과연계 중학 2 별과 우주

*별의 색: 온도에 따라 색이 다른 현상은 별빛에서도 나타난다. 표면 온도가 높은 별은 파랗게 보이고, 온도가 낮은 별은 붉은빛을 보인다.

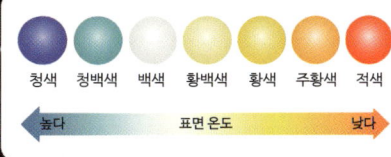

▲별의 색과 표면 온도

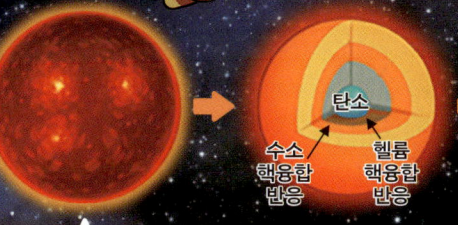 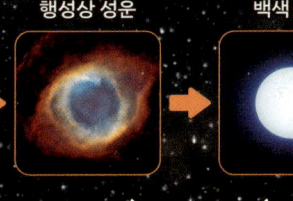

중심에 있던 수소가 모두 헬륨으로 바뀌면 핵융합이 멈춰. 하지만 바깥층엔 수소가 남아 있어서 핵융합을 이어서 하고 바깥으로 팽창하려고 해. 별이 커지면서 온도가 낮아져 붉은빛이 돼.

별 중심부에서도 헬륨이 고갈되어 결국 적색 거성은 커지다 별은 죽게 돼.

태양보다도 질량이 큰 별은 계속 핵융합이 일어나 엄청 팽창해서 초거성이 돼. 이때 중심부의 온도가 계속 높아지면서 철이 생성돼.

핵융합 반응이 멈추면, 별이 급격하게 수축하다가 폭발하면서 엄청 높은 열과 에너지로 인해 더 무거운 원소들이 만들어져. 초신성 폭발 후엔 중성자별 또는 블랙홀이 만들어지지.

럭키 과학 상식

우주의 진화 과정

빅뱅 우주론에 따라 약 138억 년 전, 빅뱅 이후 가장 작은 입자인 **쿼크**와 **전자**가 만들어졌어. 이러한 쿼크들이 뭉쳐지며 **양성자**(수소 원자핵)와 **중성자**가 되었어.

이후 양성자 2개와 중성자 2개가 서로 결합하여 헬륨 원자핵이 생겼고, 그 주변으로 전자가 붙게 되면서 수소 원자와 헬륨 원자가 만들어진 거야. 이때 우주의 나이는 38만 년이지.

시간이 흘러 별이 생기고 자라면서 하나씩 더 무거운 원소들이 생겨났고 그 과정에서 여러 은하, 태양계, 그리고 지구의 모든 생명체가 탄생하게 되었지.

우리 모두는 우주의 역사를 담은 별의 먼지인 셈이야!

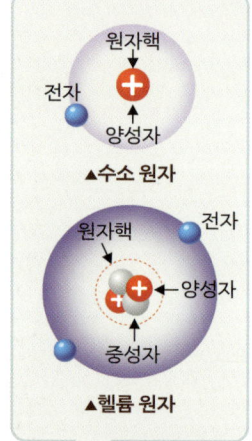

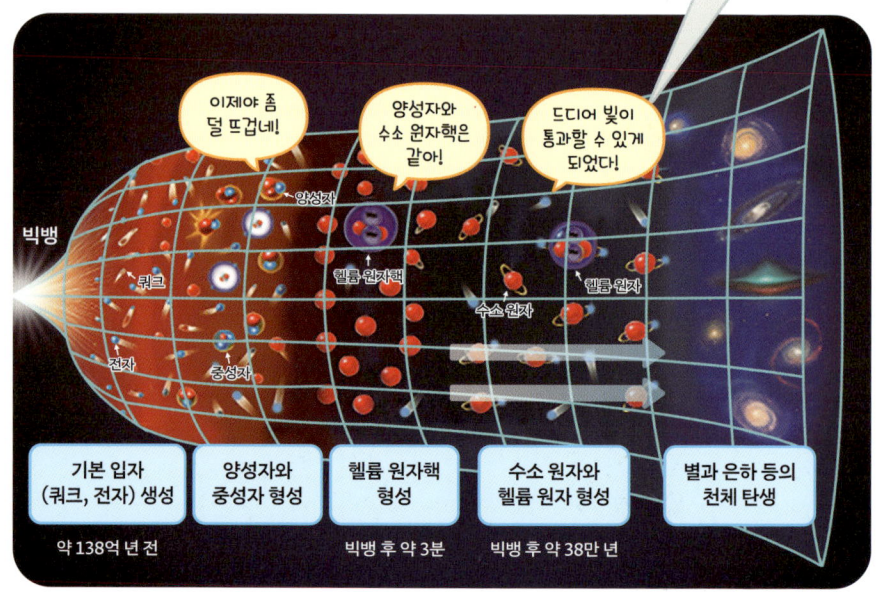

"아무래도 잘못 온 것 같은데…?"

와트의 말이 끝나기가 무섭게 불어온 차가운 바람이 운빨용병단의 코끝을 시큰거리게 했다. 눈앞에는 황량하기 짝이 없는 폐허가 펼쳐져 있었다. 하늘은 잿빛이었고 바람에 날린 먼지가 낮게 퍼지며 부서진 빈집 사이를 스치고 지나갔다.

"생명력이라고는 전혀 느껴지지 않는군…."

랜슬롯은 거미줄처럼 갈라진 길바닥을 바라보며 말했다. 시간의 흐름과 전투가 할퀸 흔적이 고스란히 남아 있었다.

"어디로 가야 할지 감도 안 잡히네."

산적은 한편에 쌓여 있는 고철 더미에 털썩 주저앉았다.

"여기는 전혀 관광하고 싶지가 않다, 밤바!"

"미지의 땅도 이런 모습은 아니던데…."

드래곤이 울상을 지었다. 그때 블롭이 깜짝 놀라 외쳤다.

"블롭블롭!"

　별을 닮은 듯한 정체불명의 고리들은 움직임이 빠르지는 않았다. 그렇지만 이전 마을에서 봤던 공처럼 언제 폭발할지 몰라 용병단은 긴장을 풀 수 없었다.
　"일단 저게 없는 곳으로 이동하도록 하지!"
　랜슬롯의 지휘 아래 운빨용병단은 **'수상한 고리'**에서 시선을 고정한 채 걸음을 재촉했다. 모두가 말 한마디 없이 걷고 있는데….
　끼리릭—
　"사, 산적. 드, 들었냐… 방금 소리…. 밤바는 들었다…."
　"왜 이래~ 밤바! 너 겁먹었…."

끼리릭—

산적이 −난생처음이라고 할 만큼− 두 눈을 엄청 크게 떴다. 소리는 다시 들리지 않았지만 개구리 왕자와 아이언미야옹은 서로 쳐다보더니 동시에 마을 밖으로 달려갔다.

이 둘을 놓칠세라 용병단도 정신없이 뒤를 좇았다.

어느덧 집 한 채, 풀 한 포기조차 없는 넓은 황야 한복판에 다다랐다. 개구리 왕자와 아이언미야옹은 멈춰 서서 어딘가를 바라봤다. 그곳에는 말라 비틀어진 나무와 녹슨 로봇이 있었다.

> 불행과 오해를 머금은 땅은… 희망이 자랄 수 없다.

메마른 모래바람 소리와 간간히 들리는 끼익 소리, 지지직거리는 로봇의 잡음이 합쳐져 오싹한 분위기를 자아냈다. 하지만 아이언미야옹은 전혀 신경 쓰지 않는 듯 로봇에 다가갔다.

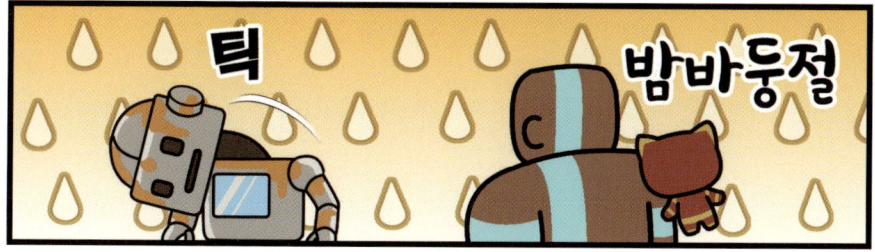

처음에는
모든 것이 아주…
조화롭고
평화롭게
존재했습니다.

빛과 어둠,
탄생과 죽음 등이
균형을…
이루고 있었지요.

하지만… 언젠가부터 어둠의 기운이 점점 강해져
빛과 모든 생명력을 삼키기 시작했습니다.

"그 에너지는 아르카디아… 행성을 침투했고, 그로 인해 이 행성에 있던 주민들과 이곳을 찾는 이들 모두 어둠의 에너지로 물들었습니다."

로봇의 눈에서 나오는 초록빛이 흐릿해지더니 말소리가 점점 작아지고 끊겼다.

"저는… 이곳에 생명의 씨앗을 싹틔우려고 했…지만… 오류…가 생겼습니다. 여러분이 미션…을 수행해 주세요."

천천히 말을 잇던 로봇은 힘겹게 손을 올려 머리 위를 가리켰다. 덩달아 고개를 치켜든 용병단은 화들짝 놀라 뒷걸음쳤다. 어느 틈엔가 수상한 고리가 용병단 위에 **둥둥** 떠 있던 것이었다.

"별의 에너지를… 담은 생명력의 원천을… 결합해야….."

"조금 더 자세히 말해 줘!"

와트가 로봇의 팔을 붙잡고 다급하게 외쳤다. 그러자 로봇이 마지막 힘을 쥐어짜듯 말을 이었다.

"당신들의 운에…. 최후를 위해… 휴면 상태 돌입…."

이윽고 로봇의 눈에서 빛나던 초록색 빛은 완전히 꺼졌다. 마치 애초에 작동한 적이 없는 것처럼 고요했다.

운빨용병단은 누구 하나 움직이지 않고 로봇과 서로의 얼굴을 번갈아 가며 바라봤다. 랜슬롯은 로봇 곁으로 다가갔다.

"내가 불을 뿜어서 깨워 볼까?"

"안 돼, 드래곤! 그러면 로봇이 녹고 말 거야."

"와트, 혹시 로봇을 다시 작동시킬 수 있을까?"

산적이 로봇을 앞뒤 좌우로 살피며 묻자 와트가 고개를 갸웃하며 말을 흐렸다.

"내 연구소로 데려갈 수 있다면야 가능하겠지만…."

처음 아르카디아 행성에 불시착하고 관광객들의 이야기를 들었을 때만 해도 용병단은 그들을 도운 뒤 럭큐브 행성으로 돌아가면 끝이라고 생각했다. 하지만 로봇의 말을 듣고 나자, 자신들에게 닥친 상황이 그리 간단하지 않다는 것을 깨달았다. 이 행성에서 벌어지는 일들은 생각보다 심각하며, 자신들이 그 상황의 중심에 있게 된 것일지도 모른다는 불길한 예감이 **스멀스멀** 피어올랐다.

"미야옹. 먀먀, 미야옹~."

잠자코 있던 아이언미야옹이 갑자기 수상한 고리를 붙잡으려고 **부웅** 날아올랐다.

"위험하다, 미야옹! 밤바가 지켜 준다~!"

"잠깐만, 밤바! 아까 로봇이 저 고리를 가리키면서 결합하라고 한 게 진짜라면… 그건 폭발하지 않는다는 얘기일 거야."

"미야옹! 먀먀먀!"

와트의 말을 들은 것인지 아이언미야옹은 수상한 고리 하나를 덥석 잡았다. 순간 당황한 용병단은 제자리에 멈춰 섰다.

아이언미야옹은 아무렇지 않다는 듯 수상한 고리를 땅바닥에 내려놓았다. 바닥에 놓인 수상한 고리는 도로 **붕** 뜨거나 하지 않았고, 그 외 수상한 움직임도 보이지 않았다.

"정말 폭발하지는 않나 봐. 그럼 일단 다들 고리를 최대한 모아 줘!"

용병단은 와트의 지시대로 하늘에 떠 있는 수상한 고리들을 모으기 시작했다. 손을 **쭉** 뻗거나 **펄쩍** 뛰면 잡을 수 있는 것들도 있었으나, 하늘 높이 떠다니는 것도 많았다.

"위에 있는 것들은 우리에게 맡겨!"

"먀먀먀! 미야옹!"

드래곤과 아이언미야옹은 자신만만한 표정으로 날아올라 순식간에 고리들을 모았다. 밤바는 **우당퉁탕** 뛰어다니며 품에 안았고, 와트는 청소기 바람을 이용해 한곳으로 몰았다. 산적과 랜슬롯, 개구리 왕자와 블롭은 2인 1조로 움직였다. 그 결과 빠른 시간 안에 수십 개의 고리를 모을 수 있었다.

수많은 고리를 한데 모아 놓으니 황폐했던 들판에 마치 알록달록한 조명을 켠 것 같았다.

"그런데 이걸 어떻게 결합하라는 거야?"

산적은 무심결에 주황색, 연두색 고리를 가까이 댔다. 어쩐지 주황색이 진해지는 것처럼 보이더니 곧 두 고리는 원래 하나였던 것처럼 완벽히 연결되었다.

개구리 왕자가 입을 비죽거리자 산적은 이를 증명하듯 딱 붙은 두 고리를 세차게 흔들었다. 그러자 고리에서 하얗고 작은 덩어리가 **투두둑** 튀어나왔다. 덩어리들은 붙잡을 새도 없이 개구리 왕자와 블롭의 입속으로 쏘옥 들어갔다.

"블~롭! 블롭블롭블롭!"

"퉤퉤! 아잇, 이게 뭐야! 짠맛이 나!"

"난 아무 짓도 안 했다고!"

당황한 산적이 저도 모르게 고리를 더욱 세차게 흔들었다.

"이번엔 빛이 난다! 밤바!"

밤바의 말대로 결합된 두 고리에서 강하게 빛이 나기 시작했다. 깜짝 놀란 산적은 고리를 바닥으로 떨어뜨렸고 용병단은 일제히 뒤로 물러섰다. 그와 동시에 휴먼 상태였던 로봇의 모니터에 글자가 팟 하고 떠올랐다.

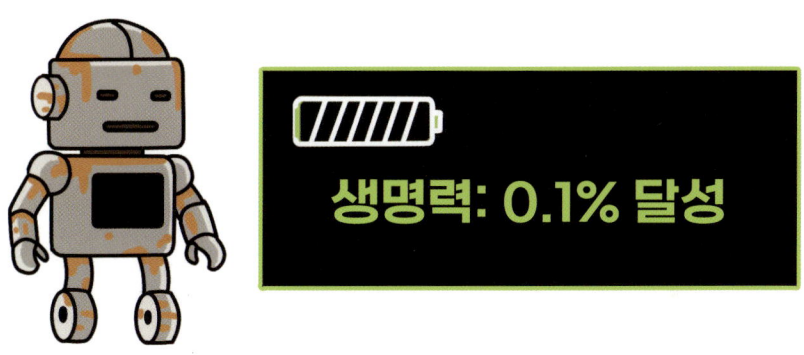

랜슬롯과 와트가 무릎을 탁 쳤다.

"생명력을 100%로 만들면 미션 성공이 되겠군…!"

"좋~아! 모두들 산적이 했던 것처럼 고리를 붙이자!"

모처럼 손쉽게 할 수 있는 미션이라는 생각에 신이 난 용병단은 여기저기 뛰어다니며 고리들을 붙이기 시작했다. 서로 반응을 하지 않는 경우도 있었으나, 대부분의 고리들은 결합되어 생명력의 수치를 높이기 시작했다.

"별게 다 만들어져! 혹시 음식도 되나~?"

"블롭블롭!"

드래곤과 블롭이 소곤거리자 개구리 왕자가 잔소리를 했다.

"블롭! 아무리 배고파도 입에 넣지 마라~!"

고리들을 결합시키는 것만으로 상상 이상의 일들이 벌어지기 시작하자 용병단은 미션도 잊은 채 즐거워했다. 그러나 시끌벅적한 분위기는 와트의 말 한마디에 바뀌었다.

"모두 집중! 좀 전에 아이언미야옹이 한 것처럼 하늘색 1개와 보라색 2개를 결합해야 생명력이 확 올라가는 것 같아!"

와트의 설명을 다 들은 랜슬롯은 불꽃이 아른거리는 자신의 검을 높이 쳐들며 외쳤다.

"마지막까지 최선을 다하는 거다!"

다시 한번 용병단은 부지런히 움직였고, 마무리되어 갈 즈음에 아이언미야옹이 마지막 고리를 쥐었다. 아이언미야옹이 그 고리를 맞대는 순간, 모니터에서 **띠잉** 하는 청명한 소리가 울렸다.

　모든 고리들은 눈부신 빛을 발하며 하나의 원이 되었다. 원은 하늘로 떠오르더니 별빛 가루를 지상에 뿌리기 시작했다.
　"엄청 아름답다…!"
　드래곤의 입에서 저절로 감탄이 터져 나왔다. 다른 용병단의 얼굴에도 감동이 가득 차 있었다.
　"저것 좀 봐! 나뭇가지에 새싹이 났어!"
　개구리 왕자는 로봇 옆에 있었던 바싹 마른 나무를 가리켰다.
　메말라 죽은 듯 보였던 나무의 가지 끝에 아주 작지만 강인한 생명력을 품은 새싹이 기세 좋게 돋아났다.

음성과 함께 로봇의 눈에 초록색 빛이 다시 켜졌다. 로봇이 몸을 천천히 움직여 새싹을 조심스럽게 어루만지자, 로봇의 모니터에는 '**1차 미션 완료**'라는 글자가 나타났다.

용병단은 눈을 비비며 몇 번이나 글자를 확인하고 나서야 박수를 치며 환호했다. 지난번에 비하면 이번 마을에서의 미션은 고리를 결합해 생명력을 전하는 일이 전부였기 때문에 크게 힘들지 않아서 더 기뻤다. 드래곤과 아이언미야옹의 활약이 컸지만, 모두의 힘을 합친 결과라는 점도 의미 있었다. 그렇게 기쁨을 계속 즐기려는 그때…!

쿠구구구구구구구

"주의! 주의! 오류 발생! 오류 발생!"

초록빛이었던 로봇의 눈은 갑자기 붉은빛으로 바뀌었다. 귀를 찢는 듯한 경보음과 발밑에서 나는 굉음에 용병단 일행은 고통스러워하며 귀를 막았다.

"이게 대체 무슨 일이냐, 밤바! 귀가 아프다!"

운빨 UP 과학 UP ③

#원소와 전자 #화학 결합

▶10:43~

원소가 뭉치면 화합물이 된다!

세상에 있는 것은 모두 **원소**로 되어 있어. 네가 지금 읽고 있는 책도, 마시는 물도 우리 몸도 모두 원소라는 작은 알갱이로 이루어져 있어. 더 이상 쪼갤 수 없는 **물질**의 기본 단위로 산소(O), 수소(H), 탄소(C) 등이 있어. 이러한 원소들이 뭉쳐지면 물이 되고 공기가 되고 소금이 될 수 있다는 사실! 이렇게 두 가지 이상의 원소가 결합해서 생성된 물질을 **화합물**이라고 불러.

수소 + 산소 = 물(H_2O)
나트륨 + 염소 = 소금(NaCl)
탄소 + 산소 = 이산화탄소(CO_2)

완전 다른 성질의 새로운 물질이 되는 거야!

교과연계 초등 3-2 물체와 물질, 중학 3 화학 반응의 규칙성

*물체: 모양과 크기가 있는 것. 나무젓가락, 유리구슬, 플라스틱 컵 등.
*물질: 물체를 만드는 재료. 나무, 금속, 유리, 고무 등.

물체 = 의자 / 나무 = 물질 / 철

미야옹? (물질? 원소?)

물질 → 원자 → 원자핵·전자 → 양성자·중성자 → 쿼크

원자핵과 전자 / 양성자와 중성자

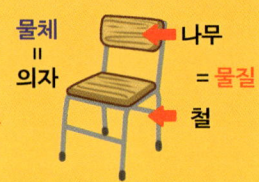

 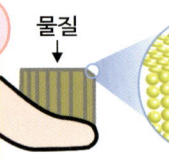 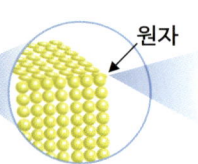   

수소 원자 — H O H — 산소 원자
◀ 물 분자 구조

물 분자는 3개의 원자(수소 원자 2개, 산소 원자 1개), 2종류의 원소(산소와 수소)로 이루어져 있다.
수소(H) 2개 + 산소(O) 1개 = 물(H_2O)
원소 기호 / 원자의 수

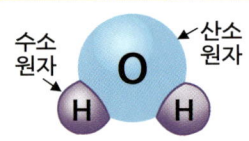

교과연계 중학 2 물질의 구성

*원자: 물질을 이루는 기본 성분인 원소는 물질을 구성하는 입자들이 모여서 이루어지는데, 이를 그 원소의 원자라고 한다.
*분자: 물질의 성질을 나타내는 가장 작은 입자. 독립된 입자로 존재한다.
*화학식: 물질을 이루는 원소의 원소 기호와 숫자를 이용해 물질을 표현한 것.

이온 결합과 공유 결합

원소가 어떻게 결합하느냐에 따라 성질이 완전 달라지기 때문에 결합 방식이 꽤 중요해. 원소한테는 전자라는 작은 입자가 있는데, 원소 간에 전자를 주고받거나 같이 쓰면서 결합을 하게 되고 새로운 물질이 돼. 이러한 화학 결합 방식에는 크게 이온 결합과 공유 결합이 있어.

이온 결합

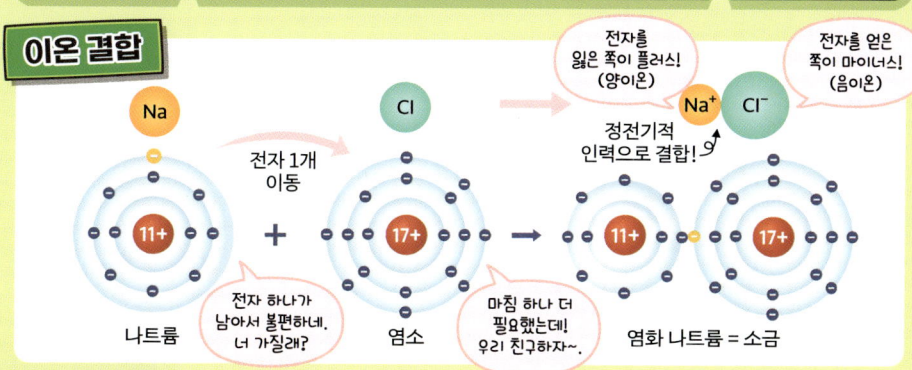

공유 결합

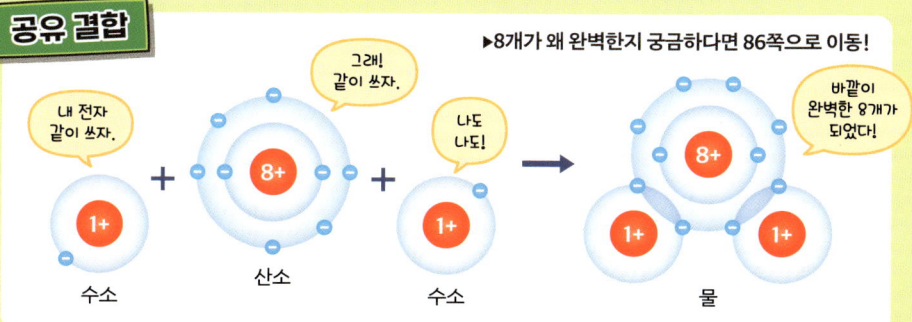

▶ 8개가 왜 완벽한지 궁금하다면 86쪽으로 이동!

교과 연계 | 중학 2 물질의 구성

* **원자핵**: 원자 중심에 위치하고 양전하(+)를 띤다.
* **전자**: 원자핵 주위에서 움직이며 음전하(-)를 띤다.
* **전하**: 물체가 띠는 전기적 성질.
* **이온**: 원자가 전자를 잃거나 얻어 만들어진 전하를 띠는 입자.

럭키 과학 상식

원자의 전자껍질

현재까지 발견한 원소의 개수는 약 118개로, 과학자들은 화학적 성질이 비슷한 원소들을 분류해 하나의 표로 만들었어. 이게 바로 원소 주기율표야. 원소들이 일정한 규칙을 가지는 이유는 바로 원자의 구조 때문이지.

> 원자핵 주위의 전자는 원자핵으로부터 특정한 거리만큼 떨어진 궤도를 따라 운동해. 이 궤도를 전자껍질이라고 불러!

- 1 → 원자 번호
- H → 원소 기호
- 수소 → 원소명
- 1.008 → 표준 원자량

▶원소 주기율표를 보고 싶다면 138쪽으로 이동!

주기율표의 가로축은 '주기'라고 해. 이건 전자껍질의 개수를 의미해. 세로축은 '족'으로 가장 바깥 껍질의 전자 수를 의미해. 같은 족 원소들은 비슷한 화학적 성질을 보이고 있어.

원자를 하나의 호텔이라고 생각해 보자. 전자는 손님이야. 첫 번째 전자껍질이 1층이고 두 번째 전자껍질이 2층이면 1층에는 방이 2개, 2층에는 방이 8개가 있어. 원자는 전자 손님을 1층부터 차례대로 채우려 하지만 꼭 계획대로 되진 않겠지? 따라서 이러한 불안정한 상태를 안정적으로 바꾸기 위해 각 층에 전자를 꽉 채우려고 앞에서 말한 이온 결합, 공유 결합을 하는 거야.

> 층마다 $2n^2$의 방이 있어. 가장 아래층 방부터 채워야 올라올 수 있지!

> 1층에는 방이 2개밖에 없어.

암석들은 들판을 **갈기갈기** 찢고 용솟음치며 솟아올랐다. 다행히 새싹이 돋아난 나무는 로봇이 방어막을 펼친 덕분에 무사했다. 하지만 운빨용병단은 사방팔방으로 튕겨졌다.

"어떤 승부라도 받아들이겠다! 덤벼라—!"

제일 먼저 자세를 고쳐 잡은 랜슬롯이 기세 좋게 외쳤다. 랜슬롯의 기합 덕분에 용병단 전체가 전투 모드로 돌입했다.

그에 반응이라도 하듯 솟아오른 암석들 중 일부가 부르르 떨리더니 이내 절반으로 쪼개졌다. 그리고 그 틈 사이로….

꿈틀, 꿈틀…!

말벌과 소라게를 닮은 듯한 그러나 어디에서도 본 적 없는 **암석 괴물들**이 돌 틈을 비집고 기어 나왔다!

몇몇 암석 괴물들은 용병단을 발견하고 날개를 **착** 펼치며 슬금슬금 다가갔다.

"돌? 벌? 것보다 지금 살아서 움직이는 거야…?"

드래곤이 겁에 질린 목소리로 외쳤다.

"놀라워~! 돌로 된 날개가 파닥파닥 움직이다니!"

"감탄할 때가 아니야, 와트!"

개구리 왕자 말마따나 지금 누구 하나라도 섣불리 움직이면 끝이었다. 산적과 랜슬롯은 조심스럽게 검을 치켜들었다.

하나… 둘…!

위이이잉! 으아악!

암석 말벌이 반박자 더 빨랐다! 녀석들은 일제히 용병단에게 달려들었고, 그와 동시에 암석 소라게도 엄청난 속도로 기어왔다.

"블롭~ 블~로옵!"

블롭이 우렁차게 외치고는 통통 튀어나가더니, 평소 슬라임을 **덥석** 물었던 것처럼 용병단을 향해 오는 수십 마리의 암석 괴물을 **꿀떡꿀떡** 삼키기 시작했다.

하지만 블롭 혼자 암석 괴물들을 감당하기에는 무리였다.
"엄마가 위기에 빠진 친구는 물불 가리지 않고 도우랬어—!"
드래곤은 재빠르게 공중으로 날아올라 수십 마리의 암석 괴물을 향해 강력한 불을 뿜었다.

킹 다이안—!

절체절명의 순간! 개구리 왕자는 25% 확률로 승천해 킹 다이안이 되었다! 운빨용병단은 개구리 왕자, 아니 든든한 킹 다이안의 모습을 보고 안도의 한숨을 내쉬었다.

"우하하하하! 드디어 성공이다! 그렇다면 얘기가 쉬워지지!"

콰과과광—!

킹 다이안이 검을 크게 휘두르자 암석 괴물들에게 번개가 쏟아졌다. 번개를 맞은 암석 괴물들은 감전되어 기절하거나 작게 자갈돌로 쪼개져 바람에 흩날렸다.

그러나 그것도 잠시뿐. 암석이 솟아오르며 갈라진 지표면에서는 끊이지 않고 괴물들이 튀어나왔다.

"어라…? 뭔가 이상해!"

공중에서 드래곤이 용병단 일행을 향해 외쳤다.

"푸른빛의 암석 소라게는 내 공격이 통해서 불에 활활 타는데, 주황빛이 강한 녀석들은 불에 타지 않아!"

"뭐? 수상한 고리들도 분명…. 아무래도 색깔마다 규칙이 있나 봐! 그렇다면 혹시…?"

와트는 잠시 고민하는가 싶더니 손가락을 **탁** 튕겼다.

"여기 아르카디아 행성은 과학 행성임을 잊지 마! **저마다의 색깔은 하나의 원소들을** 의미하는 거였다고—!"

"무슨 소리인지 못 알아듣겠다, 밤바!"

"그러니까 색깔이 다른 암석 괴물들이 뭉치게 된…."

하지만 와트의 말이 끝나기도 전에 이미 몇몇 암석 괴물들이 일정한 패턴으로 모여 공명을 하고 있었다.

펑! 폭발음 비슷한 소리와 함께 먼지가 훅 일더니, 검은빛 괴물이 모습을 드러냈다.

"진화까지 할 수 있는 녀석들이었단 말인가…!"

랜슬롯은 깊게 숨을 내뱉으며 탄식했다.

곳곳에서 서로 뭉쳐 공명한 암석 괴물들은 연이어 진화하기 시작했다. 괴물들의 머릿수는 확 줄어들었지만, 누가 봐도 파워는 이전보다 훨씬 더 강력할 것이 뻔했다.

"후…, 내가 이것만큼은 사용하고 싶지 않았는데….''

바지 주머니를 뒤적거리던 산적은 꼬깃꼬깃 접힌 보자기를 꺼냈다.

"그게 뭐냐, 밤바! 엄청 꼬질꼬질해 보인다!"

"무작정 공격만 하는 게 통하지 않을 때가 있다고! 그럴 땐 전략이 필요해, 전략~!"

산적이 보자기를 툭툭 털자 순식간에 펄럭이며 확 펼쳐졌다. 보자기는 용병단 위로 두둥실 떠올랐고 모두를 감싸듯 덮었다. 덩치가 큰 드래곤과 밤바조차 가려질 정도였다.

"혹시 몰라 사 두었던 위장막인데. 이렇게 쓰게 되다니!"

"이렇게 하면 앞이 안 보여서 우리가 적들의 위치를 모르게 되잖아! 그리고 괜히 뭉쳐 있어서 티만 더 난다고…!"

와트는 낮은 목소리로 투덜거렸다.

"운 좋게 때마침 여기 구멍이 살~짝 나 있단 말이지. 게다가 때가 타서 먼지 바닥이랑 구별이 안 된단 말씀~."

산적은 자랑스럽다는 듯 입술을 씰룩거렸다.

"처음 쓰는데 구멍은 왜 나고, 때는 왜 탄 거냐?"

"속아서 산 거다, 밤바!"

"먀먀먀~!"

저마다 산적에게 한마디씩 했지만, 산적은 아랑곳하지 않고 위장막에 난 구멍으로 바깥 상황을 살폈다.

이들(이라기 보다는 산적)의 노력에도 불구하고, 검은빛 괴물들은 점점 다가왔다. 긴장감에 침을 **꼴깍** 삼키는 소리가 마치 폭포 소리처럼 들렸다. 밤바와 드래곤은 큰 덩치를 더욱 작게 하려고 몸을 최대한 웅크렸다.

샤삭! 샤샤샥-!

한 마리, 두 마리… 수십 마리의 괴물들이 위장막을 그냥 지나쳤다―! 괴물들의 발걸음 소리가 멀어지자, 용병단은 참았던 숨을 내쉬며 위장막 바깥으로 나와 몸을 **쭈~욱** 폈다.

소름 끼치는 소리와 함께 용병단의 바로 옆에 있던 암석은 검은빛 괴물의 침에 맞아 녹아내렸다.

"먀, 먀먀. 미야옹…."

"바, 밤바도 저 침은 너무 무섭다!"

"끼끼끼끼끽!"

검은빛 괴물은 용병단을 비웃기라도 하듯 괴상한 울음을 토해냈다. 그러자 사라졌던 다른 검은빛 괴물들이 저 멀리에서 다시 용병단 향해 돌진하기 시작했다. 그것도 아까의 몇 배나 되는 빠른 속도로!

"모, 모두 전투 준비…!"

랜슬롯이 먼저 검을 뽑아 들어 용병단의 앞에 나섰다.

"우리가 저 녀석들을 꼭 해치워야 한다. 그렇지 않으면…! 저 괴물들이 다른 사람들을 공격할 수도 있어. 우리만이 할 수 있는 일이다!"

"랜슬롯 말이 맞아! 여기서 저 녀석들을 끝장내자―!"

운빨용병단은 괴물들을 향해 기운차게 소리 질렀다.

"다 덤벼어… 엥?"

맹렬히 다가오던 검은빛 괴물들은 이번에도 또다시 용병단을 **쌩~** 하고 지나쳤다. 랜슬롯, 킹 다이안, 산적은 머쓱해져 높이 쳐올렸던 검을 **스윽** 내렸다.

"훗… 미션 완료인 거지? 그렇다면 다음 미션 장소를 향해 이번에도 내가 주사위를 던질게. 킹 다이안인 상태로 던지면 더욱 운빨이 좋을 테니까 말이야~!"

"앗…! 그게 아니야!"

드래곤이 너무 놀라 작은 불까지 뿜으며 소리쳤다.

"괴물들이 로봇과 나무를 향해 가고 있어!"

"이런—! 저 녀석들은 처음부터 새싹을 노렸던 거야!"

우주 전함에서 나오는 거대한 빛줄기에 검은빛 괴물들은 순식간에 삼켜졌다. 산적은 위험을 직감하고 주머니에 꼬깃꼬깃 집어넣었던 위장막을 다시 펼치려 했다. 하지만 우주 전함은 지난번에 레이저 빔을 쏘고 안개 속으로 사라졌던 것처럼 이번에는 암석 괴물들만 흡수하고는 **스르륵** 떠났다.

다행인지 불행인지 얼떨결에 우주 전함으로부터 도움을 받게 된 용병단은 얼른 정신을 차리고 로봇과 새싹에 다가갔다. 천만다행으로 새싹은 생채기 하나 없었다.

"대체 저 우주 전함은 뭐지? 사람들이 말했던 로켓…?"

"네~ 부르셨어요?"

"아, 깜짝이야!"

전원이 꺼진 줄로만 알았던 로봇은 킹 다이안의 말소리를 인식하더니 눈에 다시 초록빛이 들어와 있었다.

한바탕 난리가 난 상황이 정리되고 운빨용병단은 잠시 로봇과 나무 주위에 앉아 쉬었다. 모래와 작은 돌멩이가 섞인 바람이 불긴 했지만 그 바람마저 달게 느껴졌다.

"왕국은 무사할까? 엄마도 무사할까…?"

먼 하늘을 바라보던 드래곤이 불쑥 말을 꺼냈다.

"냥법사는 괜찮을 거야. 그리고 다른 용병들의 지원을 요청했었던 상태였으니까….”

그 누구보다 덩치가 크고 강하지만, 제일 어린 드래곤의 마음을 달래 주는 것은 역시 믿음직스러운 형들이었다.

용병단은 골렘과 비슷하게 생긴 암석 거인과 날카로운 이빨을 가진 암석 늑대를 상대로 공격과 방어를 빠르게 이어 갔다. 강하게 공격을 몰아치다가도 어느 순간에는 곧장 수비 태세로 전환했고, 한 명이 적의 주의를 끌면 다른 한 명은 그 틈을 파고들어 공격을 퍼부었으며, 자신들이 필요한 곳으로 재빠르게 위치를 이동했다. 용병단은 그간의 전투 덕에 말없이도 서로의 움직임을 읽을 수 있었다.

　하지만 암석 거인은 황금 골렘보다 훨씬 단단해 부수기 어려웠고 암석 늑대의 움직임은 매우 재빨라 그들의 모든 공격을 피했다. 문득, 랜슬롯은 어린이 기사단 시절 독수리장군으로부터 배웠던 전술이 생각났다.

"일거양득(一擧兩得) 작전이라고?"

와트는 주변이 너무 시끄럽자 최대로 올렸던 청소기의 파워를 조금 줄이고 질문했다. 물론 암석 거인을 상대하면서!

"한 가지 일을 해서 두 가지 이익을 얻는 작전이지! 아, 이건 물론 세 가지 이익이겠지만…!"

"무슨 말인지 모르겠다, 밤바!"

"잘 들어 봐!"

랜슬롯은 암석 늑대의 공격을 이리저리 피하며 일행 모두가 자신의 말을 들을 수 있도록 최대한 큰 소리로 계획을 말했다. 용병단은 모두 랜슬롯의 계획에 동의한다는 듯 고개를 세차게 끄덕였다.

"드래곤! 아이언미야옹! 시작이다, 밤바!"

드래곤과 아이언미야옹은 불덩어리와 펄스 빔을 쏘아 암석 거인과 늑대들을 한곳으로 몰았고, 바로 이어 밤바가 그 네 마리를 향해 돌진했다.

밤바가 지면에 해머를 꽂자 솟구쳐 오른 돌기둥은 암석 거인과 늑대를 에워싸며 그 안에 가둬 버렸다. 바로 이어 킹 다이안은 번개 구슬로 네 마리의 움직임을 잠시 멈췄다.

뿌연 먼지가 가시자 용병단은 암석 거인이 넘어진 곳으로 천천히 다가갔다. 용병단이 집중 공격했던 암석 거인 하나가 쓰러지면서 주변에 모여 있던 나머지 암석 거인과 늑대들이 부딪혔고, 그 충격으로 네 마리 모두 산산조각이 났다!

> **2차 미션 성공!
> 다음 마을로 이동해 주세요.**

로봇의 모니터에 미션 성공 안내가 뜬 것과 동시에 로봇은 땅속에 자신의 팔을 **푹** 찔러 넣어 무엇인가를 잡아당겼다. 그러자 땅속에서 웬 기계가 **쑤욱** 튀어나왔다. 그 기계는 이곳에 오기 전 용병단 일행에게 주사위를 줬던 기계와 똑같았다. 용병단 서둘러 기계 주위로 모여들었다.

"이 기계의 이름은 '긱웨이트'입니다. 보신 적 있으시죠?"

"그 앞에서 내가 주사위를 던져 이곳으로 이동했었지!"

킹 다이안은 챙겨 두었던 주사위 두 개를 꺼내 보였다. 긱웨이트에서 이번에도 주사위가 나오려나 싶어 뚫어져라 쳐다보았는데, 예상 밖으로 주사위 대신 긴 종이가 줄줄 뽑아져 나왔다.

"자, 주사위를 던지시고 이 티켓을 받아 주세요."

"이번에는 내가 던지겠다, 밤바!"

킹 다이안이 **쳇!** 하며 밤바에게 주사위를 건네는 중에 아이언미야옹이 난데없이 주사위 두 개를 발바닥으로 쳤다!

"주, 주사위가 던져졌다, 밤바!"

그렇게 얼떨결에 굴려진 주사위는 새싹이 돋아난 나무 바로 아래에 **툭** 떨어졌다.

"6이랑 5가 나왔어! 이번에는 꽤 높은 숫자야…! 좋았어!"

산적은 기뻐하며 모두에게 티켓을 한 장씩 나눠 줬다.

하지만 이때까지만 해도 용병단은 그 주사위 눈의 의미를 전혀 알지 못했다.

운빨 UP 과학 UP ④

#지각과 생명체 구성 물질

▶17:20~

지구는 무엇으로 만들어졌을까?

지구를 멀리서 보면 푸른 바다랑 갈색 땅이 보여. 더욱 가까이에서 보면 땅 밑에는 흙, 돌, 광물 같은 것이 있고 그 안에는 수많은 원소들로 이루어져 있어.

지구를 덮고 있는 지각에는 산소(O), 규소(Si), 알루미늄(Al), 철(Fe) 같은 원소들이 가득 들어 있어. 이런 원소들이 뭉쳐서 광물이 되고, 이런 광물들이 모여서 암석이 되는 거야.

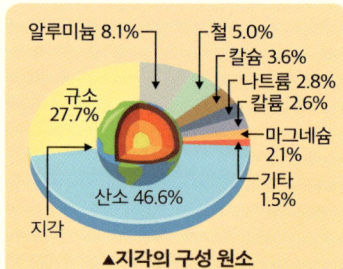
▲지각의 구성 원소

광물

광물은 자연에서 만들어진 단단한 물질로, 암석을 이루는 '진짜 성분'이라고 보면 돼. 광물들은 원소들이 규칙적으로 붙어서 만들어져.

우리 주변에서 볼 수 있는 유리, 스마트폰의 부품들도 모두 광물에서 나온 물질로 만들어진 거야.

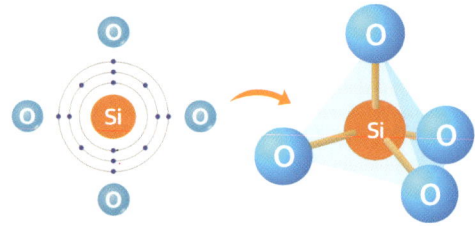

규소(Si)와 산소(O)가 공유 결합해서 규산염 사면체가 되었어. 이 기본적인 구조로 여러 가지 결합을 해 다양한 광물이 만들어지는 거야.

▶광물의 구조가 궁금하다면 112쪽으로 이동!

교과연계 초등 4-1 땅의 변화, 초등 5-1 지층과 화석
중학 2 지권의 변화

***지각**: 지구의 가장 바깥쪽에 있는 얇은 층으로, 대륙과 해양으로 구분한다.
***암석**: 지각의 대부분을 이루고 있는 물질. 암석이 만들어진 원인에 따라 무늬, 모양, 색깔 등이 다양하다. 화성암, 퇴적암, 변성암으로 구분한다.
***조암 광물**: 암석을 구성하는 주된 광물. 지각을 구성하는 암석에는 장석, 석영, 휘석, 각섬석, 흑운모, 감람석 등이 많이 포함되어 있다.

먀먀먀먀먀먀 미야옹~!
(별의 진화 과정에서 생긴 원소가 지구뿐 아니라 인간의 몸에도 비슷한 비율로 있다니!)

우리 몸은 어떤 원소로 만들어졌을까?

지구가 원소로 만들어진 것처럼 우리 몸도 원소로 되어 있어. 사람 몸을 이루는 대표 원소는 **산소(O), 탄소(C), 수소(H), 질소(N)** 이 네 가지야. 이 원소들은 모여서 단백질, 탄수화물, 지방, 핵산 같은 것을 만들고 그게 다시 모여서 세포 그리고 우리 몸이 되는 거지. 이 중 생명체의 특성을 나타내는 주요 물질인 단백질, 핵산 등은 탄소가 중심이 되는 **탄소 화합물**이야.

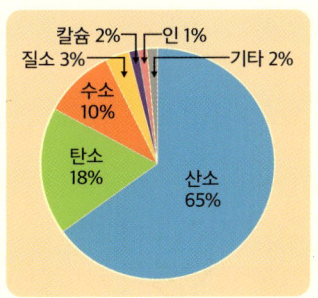

산소 65%, 탄소 18%, 수소 10%, 질소 3%, 칼슘 2%, 인 1%, 기타 2%

단백질

우리 몸의 근육, 피부, 머리카락을 이루고 생명 활동을 조절하는 효소와 호르몬으로 작용해.

아미노산이 결합해서 단백질이 형성돼.

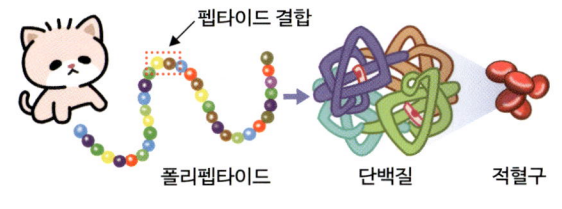

폴리펩타이드 → 단백질 → 적혈구
펩타이드 결합
▲단백질의 형성 과정

핵산

유전자를 담고 있어 몸을 어떻게 만들고 작동시킬지를 알려 주는 설계도 역할을 해. 핵산의 종류에는 **DNA**와 **RNA**가 있어.

단백질의 *단위체는 아미노산, 핵산의 단위체는 뉴클레오타이드야. 공유 결합으로 연결되어 DNA가 돼.

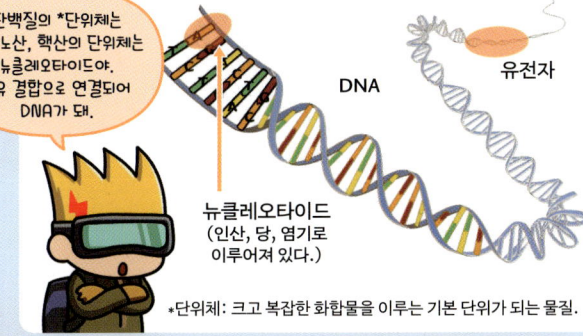

DNA, 유전자
뉴클레오타이드 (인산, 당, 염기로 이루어져 있다.)

*단위체: 크고 복잡한 화합물을 이루는 기본 단위가 되는 물질.

사람마다 DNA가 달라서 생김새와 특징도 다 다른 거야.

교과 연계 중학 1 생물의 구성과 다양성, 중학 3 자극과 반응, 생식과 유전

*세포: 생물의 몸을 이루는 가장 작은 구조적·기능적 단위.
*호르몬: 내분비샘에서 혈관으로 분비되어 온몸을 순환하다가 특정한 세포에 작용하여 기능을 조절하는 화학 물질.

럭키 과학 실험

규산염 광물 구조 만들기

 준비물 컬러 스티로폼 공 2종(많~이), 이쑤시개

블롭이 재미난 것을 만들었어. 블롭처럼 스티로폼 공 5개와 이쑤시개 4개로 기본적인 규산염 광물 구조를 만들어 보자. 가운데에만 다른 색깔 공인 거, 잊지 마!

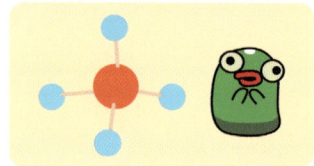

암석을 구성하는 대부분의 광물은 규산염 광물이야. 이 사면체가 서로 어떻게 결합되어 있는지에 따라 광물의 성질이 정해지지. 이제 방금 전에 만들었던 모형을 활용해서 아래 구조물을 직접 만들어 볼까? 기존 구조에서 파란 공(산소)을 하나 빼서 결합하는 게 힌트야!

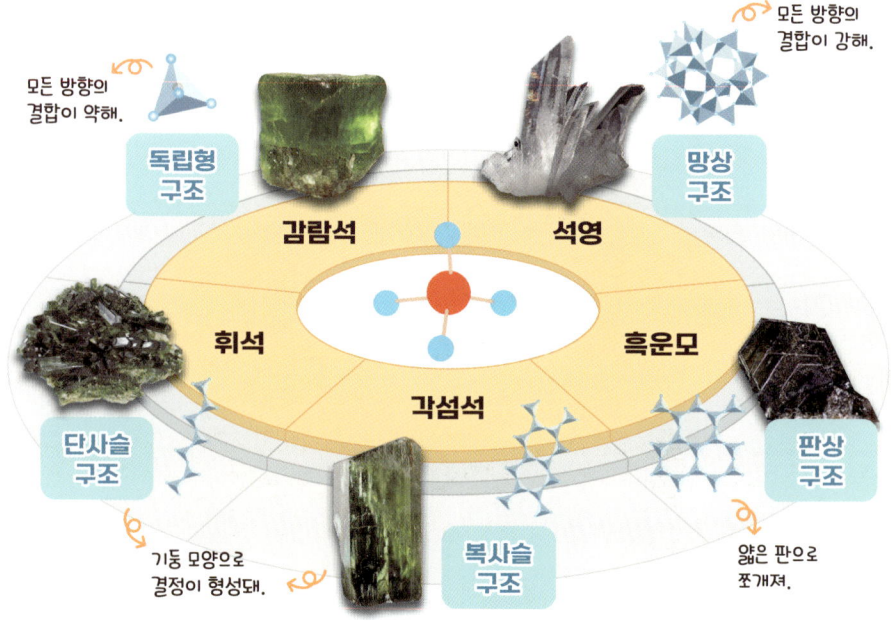

모든 방향의 결합이 약해.
독립형 구조
감람석

모든 방향의 결합이 강해.
망상 구조
석영

휘석
흑운모

단사슬 구조
기둥 모양으로 결정이 형성돼.

각섬석
복사슬 구조

판상 구조
얇은 판으로 쪼개져.

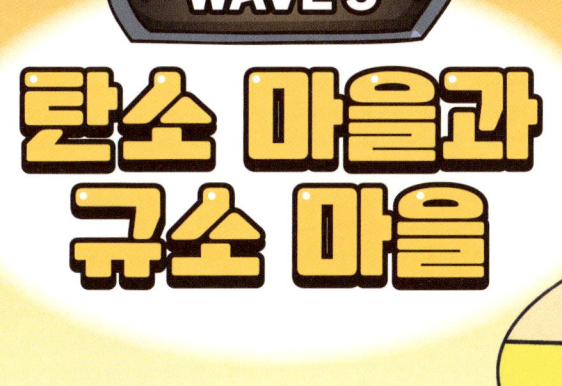

"그런데 이건 어떻게 쓰는 것이지?"

종이 티켓을 앞뒤로 훑어보던 랜슬롯이 로봇을 쳐다봤지만 아무런 대답도 들을 수 없었다. 방금 전까지 긱웨이트에 대해 설명하던 로봇은 도로 방전이 되었는지 꼼짝도 하지 않았다. 랜슬롯이 작게 한숨을 내쉰 그때!

부르릉―

"하… 저기 멀리서 뭔가가 또 다가오고 있어."

"정말 쉴 틈을 안 주네―! 이번엔 어떤 몬스터야?"

"몬스터는 아닌 것 같은데…."

와트, 산적, 개구리 왕자가 투덜거리는 사이에 미니 버스 한 대가 용병단에게 다가와 멈춰 섰다. 곧이어 창문이 열리더니 두 명의 얼굴이 쑥 튀어나왔다.

"으악! 얼굴이 나왔다, 밤바!"

"블롭! 블롭블롭? (얼굴만 있는 몬스터는 아니겠지?)"

노랑머리와 빨강머리의 사람들이 반가운 목소리로 외치자, 내심 긴장했던 용병단도 꽉 쥐었던 주먹을 슬그머니 풀었다. 긴장이 풀리자 오랜만에 괴물이 아닌 평범한 사람들을 만나게 돼서 괜히 눈물이 찔끔 날 정도였다.

"우리는 운빨용병단이라고 합니다."

랜슬롯이 한발 나서 목례를 하며 소개를 했다.

"운빨용병단! 이름만 들어도 멋지네요. 우선 이야기는 차차 하고 버스에 어서 타시죠! 갈 데가 있습니다."

두 사람에게 딱히 꿍꿍이가 있어 보이지는 않았다. 개구리 왕자와 아이언미야옹도 괜찮다는 의미로 고개를 살짝 까딱했다. 그러자 용병단은 차례차례 버스에 올라탔다. 아, 드래곤은 버스 지붕 위로 올라탔지만.

"자, 여기에 티켓을 찍으세요."

용병단이 모두 타자, 미니 버스는 지체 없이 출발했다.

"사실 저희는 아르카디아 행성이 좋아서 장기 관광을 하던 차에 이런 일들을 겪게 됐어요."

운전대를 잡은 빨강머리가 한숨을 쉬더니 말을 이었다.

지금은 미션의 난이도도 엄청나고, 암석 괴물이나 우주 전함이 공격하는 등 말도 안 되는 일들이 벌어지고 있지만….

원래는 우주 전함을 타고 크루즈 여행하듯 가상의 빅뱅 대폭발도 구경하고, 천문학 현상들도 관찰할 수 있었어요.

중간중간 마을에 들러 잠시 쉬었다 갈 수도 있었고요.

"아무튼, 우리는 그동안 새싹 미션을 하러 온 사람들을 도우러 몇 번 왔었습니다. 하지만 암석 괴물의 방해로 아까 그곳에 얼씬조차 할 수 없었어요."

바톤 터치하듯 노랑머리가 입을 열었다.

"오랜 시간이 지나고서야 마침내 여러분이 나타났죠!"

"그런데 지금 어디 가는 거냐, 밤바!"

고개를 두리번거리던 밤바는 하필 옆자리 산적의 귀에 대고 말해 버렸다. **으악!** 하고 놀란 산적은 제자리에서 펄쩍 뛰어올라 버스 천장에 머리를 부딪혔다 도로 털썩 내려앉았다.

"풉…. 크흠. 에헴. 괜찮으세요? 그러고 보니 미처 말씀을 못 드렸네요. 지금 **탄소 마을**로 가고 있습니다."

"탄소 마을이요?"

"그 마을 촌장님께서 여러분들을 찾고 있거든요."

"저희를 아는 분이 있는 겁니까?"

운빨용병단은 이구동성으로 ―밤바와 아이언미야옹과 블롭을 제외하고― 외쳤다. 이 행성에 자신들을 아는 이가 있다는 사실에 기쁘고 놀라웠다.

"아! 정확히는 그 미션을 통과한 사람들을 찾고 계세요."

노랑머리의 설명에 용병단은 조~금 아쉽긴 했지만, 창문 너머로 펼쳐지는 아름다운 풍경에 기분이 금새 좋아졌다.

버스는 마을 중앙을 가로지르더니 커다란 회관 앞에 멈춰 섰다. 용병단은 노랑머리와 빨강머리를 따라 회관으로 들어갔다. 그 둘은 촌장실 앞에 멈춰 가볍게 노크를 하고는 안으로 먼저 들어가더니 곧 도로 나와 인사를 했다.

"저희는 다시 다른 분들을 찾으러 가야 해요."

"촌장님께 말씀 드려 놨으니 이야기 나누시면 됩니다."

두 사람이 아쉽다는 표정을 지어 보이며 자리를 떴다.

덩그러니 문 앞에 남게 된 용병단이 우물쭈물하며 방 안으로 들어가자 촌장이 그들을 반갑게 맞아 주었다.

촌장은 촌장실과 이어진 야외 테라스로 용병단을 안내했다. 촌장이 차와 간식을 권하자 처음에는 서로 눈치만 보던 용병단은 이내 누가 먼저랄 것 없이 허겁지겁 맛있게 먹기 시작했다. 배가 채워질 때 쯤 랜슬롯은 손에 쥔 과자를 먹다 말고 촌장을 바라보며 용병단 대표로 말을 꺼냈다.

"저희는 럭큐브 행성에서 온 운빨용병단입니다. 어쩌다 보니 이 아르카디아 행성으로 오게 되었지요. 그런데 저희를 여기로 부른 이유가 궁금합니다. 이 마을도 궁금하고요."

먼저 설명을 좀 드리면 과학 행성답게 이 마을은 **탄소 마을**입니다. 탄소 기반 생명체들이 사는 곳이지요.

그리고 이웃에는 **규소 마을**이 있습니다. 규소 기반 생명체들이 사는 곳이고요. 두 마을은 아주 사이좋게, 평화롭게 지냈습니다.

"두 마을은 우주 탄생을 재미있게 경험하고 온 관광객들의 쉼터와 같은 곳이었다 보니, 서로 도우면서 지역 관광 명소를 소개해 주거나 재미있는 추가 퀘스트를 주곤 했지요. 하지만 그 평화를 깬 건 다름 아닌 규소 마을이었습니다."

"어느 날 갑자기, 규소 마을에서 만든 암석 괴물들이 우리 주민들을 공격하기 시작했어요. 사태를 파악하기 위해 규소 마을로 우리 사람들을 보냈지만, 아직까지도 돌아오지 않고 있고 소식도 듣지 못하고 있습니다."

"음… 뭔가 이유가 있지 않을까요, 촌장님?"

먹는 것에 집중하는 줄 알았던 산적이 대화에 끼어들었다.

"암석 괴물들이 그렇게 행동한 이유가 있을 거예요."

"그 이유가 무엇이든 나는 우리 마을을 지킬 의무가 있습니다."

촌장은 아까보다 단호해진 표정으로 용병단을 바라보았다.

탄소 마을 촌장

운빨용병단이여, 우리 탄소 마을을 괴롭히는 규소 마을을 혼내 주소서. 한때는 두 마을의 평화를 바랐으나 더 이상은 기다릴 수 없소.
▶퀘스트를 수락하시겠습니까?

"어이쿠! 새로운 관광객이 너무 오랜만이라 내가 들떠 버렸네요. 아무튼 여러분들이라면 규소 마을을 혼내 주고 우리 주민들을 구해 줄 수 있을 것 같습니다만…."

랜슬롯이 테라스 한쪽 구석으로 용병단을 불러 모았다.

고민 끝에 용병단은 우선 규소 마을에 가 보기로 했다.

다음 날, 길을 살필 지도와 중간에 먹을 식량까지 챙겨 야심차게 출발…! 그런데 버스도 트럭도 아닌 하필 마차를 끌고 가려니 느려도 한~참 느렸다. 벌써 해가 기울어 날이 어둑해지기 시작한 것이다. 게다가 규소 마을에 가까워진 것인지 온통 암석 숲이라 어둠이 더욱 짙게 느껴졌다.

용병단은 어둠 속에서 마치 누군가가 자신들을 째려보는 기분이 들어 섬찟했다.

"히잉… 나 너무 무서워! 어떻게 좀 해 봐—!"

드래곤은 주변을 두리번거리며 계속 칭얼거렸다.

"조금만 참아, 드래곤. 곧 도착이야."

랜슬롯은 손을 뻗어 드래곤을 토닥토닥 두드려 주었다. 그러자 드래곤이 마차 안으로 몸을 욱여 넣으려 했다. 순간 마차가 기우뚱하더니…!

기가 막힌 운빨로 용병단은 아주 쉽게 삼엄한 경비를 뚫고 규소 마을 안으로 들어오게 되었다! 문에 부딪힌 충격으로 금새 모두 제자리에 멈췄지만, 어쩐 일인지 가속이 붙은 밤바만 우당탕거리며 계속 내달렸다.

"으아아! 밤바, 멈출 수가 없다!"

퍽—! 쿠웅!

누군가 던진 돌멩이에 밤바의 발이 걸려 드디어 넘어지고 말았다. 놀란 용병단은 끙끙 앓는 소리를 내며 넘어진 밤바에게 쏜살같이 달려갔다. 그러나 밤바 곁을 에워싼 용병단을 다시 에워싼 이들이 있었으니…!

운빨용병단은 곧바로 공격 태세를 갖추려다 움찔했다.

돌멩이를 던진 것은 누가 봐도 평범한, 탄소 마을 주민과 별다를 게 없는 규소 마을 주민이기 때문이었다. 게다가 딱 봐도 아이들처럼 보였다. 무기를 들고 있지도 않았다.

"멋대로 쳐들어와서 행패 부리지 마!"

모여 있는 주민 중 키가 가장 작은 꼬마 주민이 손에 돌멩이를 쥔 채 용병단을 향해 소리쳤다. 그러자 옆에 좀 더 큰 녀석이 꼬마를 말렸다.

"그만해! 저 녀석들 검도 있어. 만만히 볼 상대가 아니야!"

"이거 놔…! 저번에 탄소 마을 주민들이 우리 암석 늑대를 없애려고 했잖아!"

운빨용병단은 그들이 도통 무슨 말을 하는지 이해할 수 없었다. 하지만 분명한 것은 지금 자신들을 둘러싼 규소 마을 주민들의 얼굴에는 두려움과 분노가 섞여 있다는 것이었다.

"잠시만 기다려 주시오—!"

랜슬롯은 검을 거두었다.

"무슨 사정인지 잠시 이야기를 듣고 싶습니다만."

그러자 아까 그 꼬마는 다시 **삐액** 소리를 질렀다.

"당신들, 탄소 마을에서 명령받고 온 거지? 우리를 괴롭히라고 말이야!"

"그만! 모두 그만하게."

뾰족뾰족한 흰색의 불투명한 광물 머리를 가진 나이 지긋한 주민이 웅성거리는 아이들 틈을 비집고 용병단 앞으로 천천히 나섰다.

용병단과 광물 주민들의 눈빛에는 한 치의 거짓도 없었다.

"이게 어떻게 된 일이야…?"

서로 완벽히 반대되는 이야기에 다들 수근거렸다. 그 수선스러움을 깬 것은 다름 아닌 광물 노인이었다.

"일단 그쪽이 다친 것 같으니 나랑 같이 가게나."

운빨 UP 과학 UP ⑤

#물질의 전기적 성질 #반도체

▶19:40~

전기가 통하는 이유

전기는 눈에 보이지 않지만 우리 생활 곳곳에 있어. 전기를 안 쓰고 하루라도 살 수 있을까? 불을 켜고, 스마트폰을 사용하고, 냉장고가 작동하고…. 그러려면 전기 없이는 절대 불가능해. 스위치만 누르면 '짠' 하고 불이 켜지도록 해 주는 전기! 이렇게 쉽게 전기를 이용하고는 있었지만 어떻게 전기가 만들어지는지 알고 있니? 우리 눈에 안 보이지만 전기는 <u>전자라는 아주 작은 입자가 움직이면서 흐르는 거야.</u> 이 전자는 원소 하나하나가 가진 기본 구성 요소 중 하나이지.

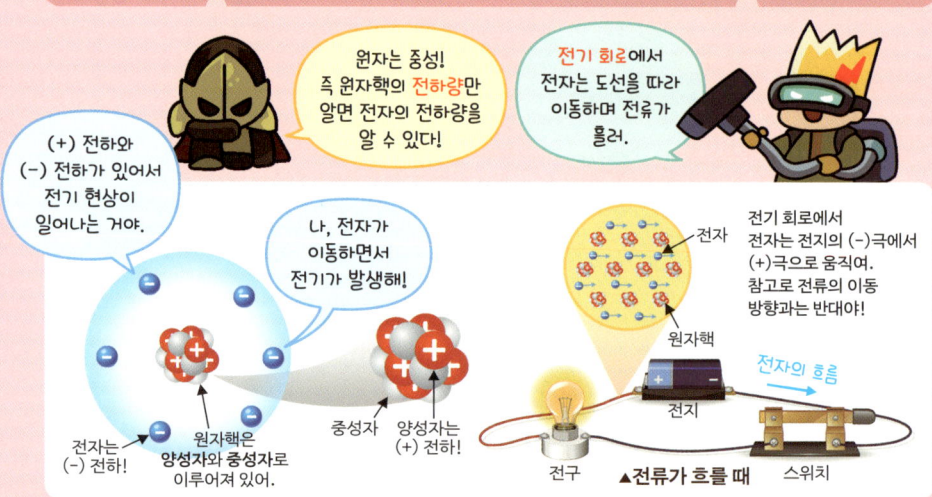

 초등 6-2 전기의 이용, 중학 2 물질의 구성, 전기와 자기

***전하량**: 물체가 가지는 전기적 성질로, 원자핵 안에 있는 양전하는 (+1), 전자는 (-1)로 나타낸다. 한 원자 안에서 원자핵의 전하량과 전자의 전하량은 크기가 같아 원자는 전기적으로 중성이다.

***전류**: 전자가 도선을 따라 전하를 운반하는 것. 전하의 흐름.

***전기 회로**: 전구, 전지, 전선 등과 같은 전기 부품을 연결하여 전기를 공급하는 장치.

물질의 전기적 성질에 따른 분류

도체 전기가 잘 통하는 물질

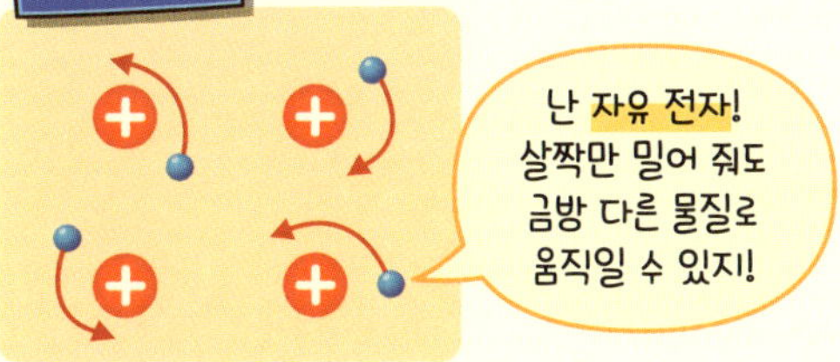

난 자유 전자! 살짝만 밀어 줘도 금방 다른 물질로 움직일 수 있지!

금, 구리, 알루미늄

부도체 전기가 잘 통하지 않는 물질

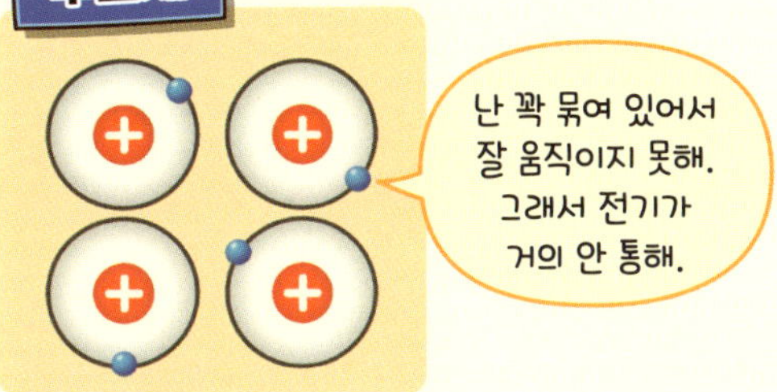

난 꽉 묶여 있어서 잘 움직이지 못해. 그래서 전기가 거의 안 통해.

고무는 전기가 통하지 않아 전선을 고무로 감싸는 것이군!

고무, 유리, 플라스틱

반도체 상황에 따라 전기가 흐르기도 하고, 흐르지 않기도 하는 물질로 가장 대표적인 반도체 물질은 실리콘(규소), 저마늄이야. 평소에는 전류가 흐르지 않는 부도체에 가깝지만 특정 불순물을 첨가해 전자를 움직여 전기를 통하게 할 수 있어.

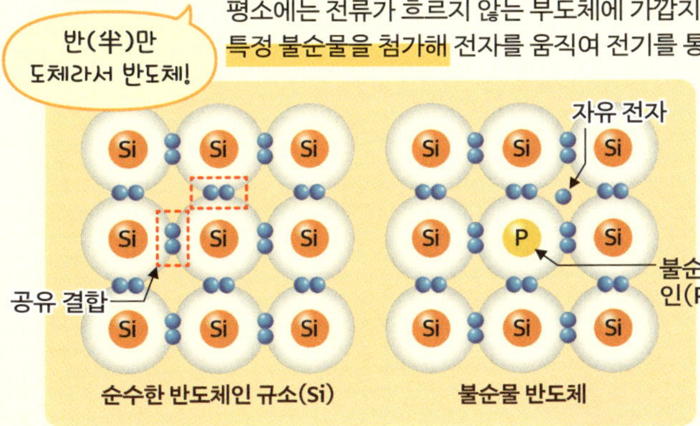

반(半)만 도체라서 반도체!

자유 전자

하나가 남는 자유 전자 때문에 전류가 흐를 수 있어!

공유 결합 / 순수한 반도체인 규소(Si) / 불순물인(P) / 불순물 반도체

붐롭붐롭! (규소는 모래에서 얻을 수 있다!) → 규소 → 규소로 만든 실리콘 웨이퍼 → 반도체 소자

럭키 과학 상식

🔮 우리 주변의 반도체

반도체는 온도, 빛, 소리 같은 자극을 감지해서 신호로 바꿔 주는 센서에 꼭 필요해. 예를 들어 스마트폰 화면이 귀에 닿으면 꺼지는 이유는 근접 센서 덕분인데, 이 안에 반도체가 있어서 사람의 얼굴을 감지하고 반응하는 거야. 자동차의 충돌 감지 센서나 가전제품의 터치 센서에도 반도체가 들어가. 특정 상황이 되면 전류가 흐르게 하는 반도체의 성질을 이용한 것이지!

반도체로 생활이 편리해졌군.

정보 처리
데이터 보존

카메라
빛을 전기 신호로 변경하여 데이터 전송

통신
전파 및 신호 송수신

액정 표시
표시할 데이터 수취

스마트폰 속 반도체

스마트폰 / 노트북 / (지금은 잘 쓰지 않는) mp3 / 카메라 / 인공위성 / 스마트워치

우주의 탄생부터 생명체의 탄생까지

우리가 살고 있는 태양계, 더 나아가 우주의 시작은 아주 오래전 작고 뜨거운 점 하나에서 시작됐어. 그 점이 '펑!' 하고 갑자기 커지기 시작하면서 우주가 만들어졌지. 바로 '빅뱅 이론'이야. 과학자들은 외부 은하가 서로 멀어지고 있다는 것을 발견했고, 이는 우주가 팽창한다는 증거였어.

빅뱅 후 약 38만 년 후, 우주에는 수소와 헬륨이라는 물질이 생겨나. 이 물질들은 가스 구름이 되는데, 무거운 물질끼리 뭉치게 되면서 중력이 발생해. 그렇게 가스 구름은 성운이 되고, 점점 밀도가 강한 곳으로 밀집하게 되면서 뜨거워져 1000만K까지 온도가 올라가면 별(원시별)이 탄생해. 더 나아가 안쪽에선 수소가 헬륨으로 변하는 핵융합 반응이 일어나게 되고, 바깥으로 강한 에너지를 내보내고 싶어 하는 힘과 안쪽으로 끌어당기는 중력이 유지가 되면서 빛과 열을 내뿜어. 우리는 이것을 '별(주계열성 별)'이라고 불러. 주계열성의 중심에 있던 수소가 모두 헬륨으로 바뀌고 나면 별의 안쪽에 남은 헬륨들은 자기들끼리 핵융합을 해서 탄소를 만들고 계속해서 핵융합 과정을 통해 점점 더 무거운 원소가 만들어져. 그리고 매우 큰 초신성이 폭발할 때는 강한 에너지로 철보다 더 무거운 원소들이 만들어져 우주 전체로 퍼져 나가게 되는 거야. 쉽게 말해 별은 작은 원소들을 뭉쳐서 더 무거운 원소로 바꾸는 공장인 셈이야. 결과적으로 별의 탄생과 죽음은 태양계를, 그리고 이 과정에서 만들어진 원소들은 지구와 생명체를 이루는 물질의 재료가 되었지.

우리 인간들과 지구, 별은 결국 같은 원소들로 이루어져 있는 거야. 복잡한 구조도 사실은 단순한 원소들이 저마다의 규칙을 가지고 결합해서 만든 결과지. 그리고 물질들은 다시 전기적 성질에 따라 도체, 부도체, 반도체로 구분할 수 있어. 이러한 성질들을 일상생활에서 다양하게 사용하고 있어.

운빨 퀴즈쇼

스피드 퀴즈

아래 질문을 읽고 1초 만에 정답을 체크하게.
1초는 너무 짧다고? 그럼 5초까지 주겠네.

Q1 우주가 한 점에서 대폭발을 일으킨 후 지금까지 팽창한다는 이론은?
① 정적 우주론
② 빅뱅 우주론

Q2 우주에서 제일 먼저 생긴 원소 두 가지는?
① 규소와 철
② 수소와 헬륨

Q3 태양보다 질량이 큰 별이 수명을 다하고 폭발하는 현상은?
① 빅뱅 대폭발
② 초신성 폭발

폭탄 같네.

Q4 양성자가 전기적으로 띠고 있는 전하는?
① (+) 전하
② (−) 전하

Q5 원자들이 서로의 전자를 공유하는 화학 결합은?
① 이온 결합
② 공유 결합

Q6 생명체를 구성하는 중심 원소로, 단백질과 DNA의 주요 성분은?
① 탄소
② 규소

원소 기호는 C야.

OX 퀴즈

맞으면 O 틀리면 X에 동그라미 치게나.
친구와 함께 묻고 답하면 더욱 재미있을 걸세.

Q1. 빅뱅 우주론을 주장한 과학자는 아인슈타인이다.

지구의 유명한 과학자로군!

Q2. 빅뱅 우주론의 증거 중 하나는 우주 배경 복사가 있다.

Q3. 상대적으로 표면 온도가 낮은 별은 붉은빛을 보인다.

나 같은 붉은색?

Q4. 초신성 폭발로 블랙홀이 만들어질 수 있다.

블랙홀 나도 만들 수 있다!

Q5. 광물은 모두 같은 결합 구조로 되어 있다.

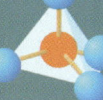

Q6. 지구와 사람을 이루는 중심 원소는 별의 진화 과정에서 생성되었다.

낭만이다!

숨은 단어 찾기

아래 퀴즈의 정답을 아래 칠판에서 찾아보게. 가로와 세로, 대각선으로 숨어 있다네!

운	빨	용	병	단	백	질	밤
드	래	곤	풍	산	소	우	바
규	소	는	실	리	콘	주	수
아	데	닌	타	이	은	팽	소
르	이	부	르	고	온	창	핵
카	반	도	체	불	무	결	융
디	금	고	결	행	운	석	합
아	태	초	모	드	냥	법	사

반장: 랜슬롯
떠든 사람: 밤바, 블롭

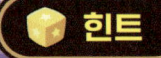 힌트

수소 원자핵들이 융합해서 헬륨 원자핵으로 바뀌는 반응	양이온과 음이온 사이의 정전기적 인력으로 형성되는 화학 결합	우리 몸의 근육, 피부, 머리카락, 호르몬 등을 구성하고 있는 물질	평소에 전류가 흐르지 않지만, 특정 불순물을 첨가해 전기가 통하는 특성을 가진 물질
ㅅㅅㅎㅇㅎ	ㅇㅇㄱㅎ	ㄷㅂㅈ	ㅂㄷㅊ

용어 정리

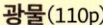

광물(110p)
자연에서 만들어진 단단한 물질로, 암석을 이루는 성분.

단백질(111p)
우리 몸의 근육, 피부, 머리카락, 호르몬 등을 구성하고 있는 생명체의 주요 구성 물질. 아미노산이 공유 결합의 일종인 펩타이드결합으로 연결되어 이루어져 있다.

밀도(62p)
일정한 부피에 해당하는 물질의 질량으로, 질량을 부피로 나눈 값.

분자(84p)
물질의 성질을 나타내는 가장 작은 입자로 화학적 형태와 성질을 잃지 않고 분리될 수 있다. 분자를 이루는 원자의 종류와 개수를 나타낸 것은 분자식이라고 한다.

성간 물질(62p)
별과 별 사이 비어 있는 공간에 엷게 퍼져 있는 가스와 먼지 등의 물질.

성운(62p)
별과 별 사이에 존재하는 가스 덩어리의 집합체로, 성간 물질이 모여 구름을 형성한 것.

세포(111p)
생물의 몸을 이루는 가장 작은 구조적·기능적 단위.

수용액(85p)
어떤 물질을 물에 녹인 액체 상태의 혼합물.

스펙트럼(41p)
빛을 파장에 따라 나누어 관찰하는 기구인 분광기로 관찰하면 나타나는 여러 가지 색의 띠. 원소에 따라 선이 나타나는 위치, 색깔, 굵기, 수 등이 다르다.

암석(110p)
지각의 대부분을 이루고 있는 물질. 암석이 만들어진 원인에 따라 무늬, 모양, 색깔 등이 다양하다.

우리 은하(40p)
태양계가 속해 있는 은하. 중심부가 볼록한 원반 모양이며, 나선팔이 소용돌이 모양이다.

원소(41p)
물질을 이루는 기본 성분.

원자(84p)
물질의 기본적 구성 단위. 원자는 원자핵과 전자로 이루어져 있다.

이온(85p)
중성인 원자가 전자를 잃거나 얻어 만들어진 전하를 띤 입자. (+) 전하를 띤 입자는 양이온, (−) 전하를 띤 입자를 음이온이라고 부른다.

자유 전자(131p)
물질 내부를 자유롭게 운동하는 전자.

전류(130p)
전자가 도선을 따라 전하를 운반하는 것으로 전하의 흐름을 뜻한다.

전하(130p)
물체가 띠고 있는 정전기의 양으로 전기 현상을 일으키는 원인. (+) 전하와 (−) 전하가 있다.

중력(62p)
질량을 가지고 있는 모든 물체가 서로 잡아당기는 힘. 특히 지구와 같은 천체가 물체를 잡아당기는 힘을 의미한다. 물체에 작용하는 중력의 크기를 무게라고 한다.

태양계(40p)
태양과 태양의 영향을 받는 모든 천체와 이들이 차지하는 공간. 수성, 금성, 지구, 화성, 목성, 토성, 천왕성, 해왕성과 소행성, 위성, 왜소 행성 등으로 이루어져 있다.

원소 주기율표

실온에서 원소의 상태: 고체 | 액체 | 기체

금속 | 비금속 | 준금속 | 밝혀지지 않음.

원자 번호는 원자핵의 양성자 수 =전자 수야.

예시: 8 O 산소 → 원자 번호 / 원소 기호 / 원소명

알칼리 금속: 양이온이 되기 쉬운 원소

주기 \ 족	1족	2족	3족	4족	5족	6족	7족	8족	9족
1주기	1 H 수소								
2주기	3 Li 리튬	4 Be 베릴륨							
3주기	11 Na 나트륨	12 Mg 마그네슘							
4주기	19 K 칼륨	20 Ca 칼슘	21 Sc 스칸듐	22 Ti 타이타늄	23 V 바나듐	24 Cr 크로뮴	25 Mn 망가니즈	26 Fe 철	27 Co 코발트
5주기	37 Rb 루비듐	38 Sr 스트론튬	39 Y 이트륨	40 Zr 지르코늄	41 Nb 나이오븀	42 Mo 몰리브데넘	43 Tc 테크네튬	44 Ru 루테늄	45 Rh 로듐
6주기	55 Cs 세슘	56 Ba 바륨	57-71 ★ 란타넘족	72 Hf 하프늄	73 Ta 탄탈럼	74 W 텅스텐	75 Re 레늄	76 Os 오스뮴	77 Ir 이리듐
7주기	87 Fr 프랑슘	88 Ra 라듐	89-103 ★ 악티늄족	104 Rf 러더포듐	105 Db 더브늄	106 Sg 시보귬	107 Bh 보륨	108 Hs 하슘	109 Mt 마이트너륨

란타넘족

57 La 란타넘	58 Ce 세륨	59 Pr 프라세오디뮴	60 Nd 네오디뮴	61 Pm 프로메튬	62 Sm 사마륨

악티늄족

89 Ac 악티늄	90 Th 토륨	91 Pa 프로트악티늄	92 U 우라늄	93 Np 넵투늄	94 Pu 플루토늄

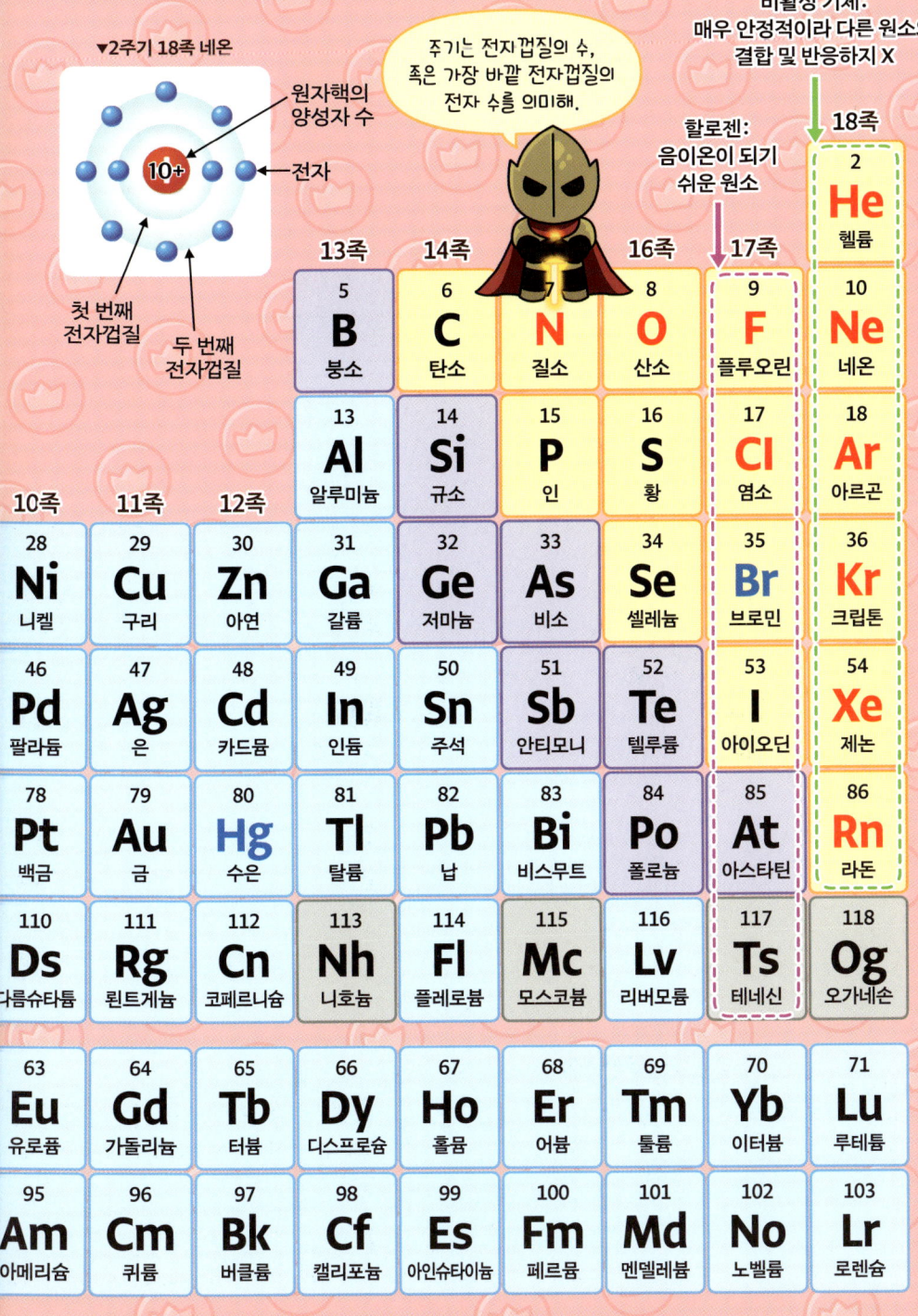

사진출처 위키피디아(40-41쪽, 62-63쪽, 110-112쪽), 게티이미지뱅크(110쪽, 131쪽), 셔터스톡(130쪽)

134~135p

스피드 퀴즈
Q1.② Q2.② Q3.②
Q4.① Q5.② Q6.①

OX 퀴즈
Q1.X Q2.O Q3.O
Q4.O Q5.X Q6.O

136p

수소핵융합
이온결합
단백질
반도체

운	빨	용	병	단	백	질	밤
드	래	곤	풍	산	소	우	바
규	소	는	실	리	콘	주	수
아	데	닌	타	이	우	펭	소
르	이	부	르	고	온	창	핵
카	반	도	체	불	누	결	융
디	금	고	결	행	운	식	합
아	태	초	모	드	냥	법	사

초판 1쇄 인쇄 2025년 7월 21일
초판 1쇄 발행 2025년 7월 28일

원작 | 운빨용병단 **감수** | 111퍼센트
글 | 알에스미디어 **그림** | 정수영 **과학 콘텐츠** | 대치동 싼쌤(김소환)

발행인 | 심정섭
편집인 | 안예남
편집팀장 | 이주희 **편집** | 조영진
제작 | 정승헌 **브랜드마케팅** | 김지선 **출판마케팅** | 홍성현 신재철
디자인 | 디자인록

인쇄처 | 에스엠그린
발행처 | ㈜서울문화사
등록일 | 1988년 2월 16일
등록번호 | 제2-484
주소 | 서울시 용산구 새창로 221-19
전화 | 02-799-9184(편집) 02-791-0752(출판마케팅)

©111Percent Co.,Ltd All rights reserved.

ISBN 979-11-7371-049-0
ISBN 979-11-7371-048-3(세트)

※본 제품은 111퍼센트 주식회사와의 정식 라이선스 계약에 의해
　㈜서울문화사에서 제작, 판매하므로 무단 복제 및 전재를 금합니다.
※잘못된 제품은 구입처에서 교환해 드립니다.